全集

伝え継ぐ　日本の家庭料理

小麦・いも・豆のおやつ

(一社)日本調理科学会　企画・編集

はじめに

日本は四方を海に囲まれ、南北に長く、気候風土が地域によって大きく異なります。このため各地でとれる食材が異なり、その土地の歴史や生活の習慣などともかかわりあって、地域独特の食文化が形成されています。地域の味は、親から子、人から人へと伝えられていくものですが、食の外部化が進んだ現在ではその伝承が難しくなっています。このシリーズは、日本人の食生活がその地域ごとにはっきりした特色があったとされる、およそ昭和35年から45年までの間に各地域に定着していた家庭料理を、日本全国での聞き書き調査により掘り起こして紹介しています。

この本では、小麦やいも、豆、そばなどの雑穀と果物や木の実などを使ったおやつ89品を取り上げました。おやつといっても小昼(こびる)、小昼飯(こぢゅはん)などと呼ばれた労働の合間の間食が多く、埼玉や東京のたらし焼き、熊本のいきなりだんごのように、手早くつくってすぐ食べられ、腹持ちすることが大切でした。一方で、農休みやお盆、十五夜といった節目には、群馬の炭酸まんじゅう、神奈川や山梨の酒まんじゅうといった、いつもより手のかかるおやつもつくりました。いもや果物や砂糖の甘みがうれしいもの、味噌や醤油が香ばしく焦げて食欲をそそるもの。そんなおやつをほおばりながら、おしゃべりするひとときが楽しみでした。

北海道のどったらもちは、ゆでたじゃがいもを冷ましてキチッキチッと音がするまですりつぶすと、もちのように粘ります。岐阜のみょうがぼちは、仕上がりがかたくなるので生地はこねすぎないようにします。甘い白い粉がつくように干し方を工夫する静岡の干しいもや鳥取の干し柿など、素材の特性をよく知り利用する術が、地域ごとに伝えられてきました。

聞き書き調査は日本調理科学会の会員が47都道府県の各地域で行ない、地元の方々にご協力いただきながら、できるだけ家庭でつくりやすいレシピとしました。実際につくってみることで、読者の皆さん自身の味になり、そこで新たな工夫や思い出が生まれれば幸いです。

2018年5月

一般社団法人 日本調理科学会 創立50周年記念出版委員会

目次

イラスト／武藤良子（目次、p120、122）

凡例

◎「著作委員」と「協力」について

「著作委員」はそのレシピの執筆者で、日本調理科学会に所属する研究者です。「協力」は著作委員がお話を聞いたり調理に協力いただいたりした方（代表の場合を含む）です。

◎ エピソードの時代設定について

とくに時代を明示せず「かつては」「昔は」などと表現している内容は、おもに昭和35～45年頃の暮らしを聞き書きしながらまとめたものです。

◎ レシピの編集方針について

各レシピは、現地でつくられてきた形を尊重して作成していますが、分量や調理法はできるだけ現代の家庭でつくりやすいものとし、味つけの濃さも現代から将来へ伝えたいものに調整していることがあります。

◎ 材料の分量について

・1カップは200mℓ、大さじ1は15mℓ、小さじ1は5mℓ。1合は180mℓ、1升は1800mℓ。

・塩は精製塩の使用を想定しての分量です。並塩・天然塩を使う場合は小さじ1=5g、大さじ1=15gなので、加減してください。

◎ 材料について

・油は、とくにことわりがなければ、菜種油、米油、サラダ油などの植物油です。

・（ ）のない「小麦粉」は、薄力粉、中力粉、地粉のいずれも使えます（p59も参照）。「地粉」は、国産小麦の粉のことでうどん粉とも呼ばれ、だいたい中力粉のタイプになります。

・「砂糖」はとくにことわりがなければ上白糖です。「ザラメ」は、中双糖（ちゅうざらとう）のことです。

・「豆腐」は木綿豆腐です。

・味噌は、とくにことわりがなければ米麹を使った米味噌です。それぞれの地域で販売されている味噌を使っています。

◎小豆あんのつくり方、蒸し方について

〈小豆あんのつくり方〉

材料（できあがり・450g）
小豆（乾燥）…145g（1カップ）
砂糖（小豆と同量）…145g
塩（砂糖の0.3%）…0.4g（ごく少量）

1 小豆はさっと洗い、鍋に入れて4倍量の水を加える。
2 火にかけ沸騰して5分ほどしたら、一度ザルにあけてゆで汁を捨てる（渋切り）。
3 鍋に戻し4倍量の水を入れて火にかける。
4 沸騰したら中火にし、蓋をしないでアクをとりながら1時間ほど煮る。常に豆の頭が水から出ないよう、水を補う。
5 指先でつまんでつぶれるぐらいやわらかくなったら、砂糖と塩を合わせて3回ほどに分けて加える。
6 途中、焦げないようときどき木べらなどで混ぜながら、煮つめる。鍋底を混ぜたとき、あとが残るぐらいが煮上がりの目安。

・砂糖は好みで加減してよいですが、減らし過ぎると水っぽくなります。

〈蒸し方のポイント〉

・蒸気のあがった状態で蒸し始めます。基本は強火で、沸騰してからの時間を蒸し時間とします。

・すのこや蒸し板の上は、必要に応じて、ぬれ布巾やオーブン用シートなどを敷き、生地がつかないようにします。まんじゅうのように膨張するものは、間を離して並べます。

・生地に水滴が落ちないように、蓋は布巾で包みます。蒸籠の場合は必要ありません。

計量カップ・スプーンの調味料の重量（g）

	小さじ1（5mℓ）	大さじ1（15mℓ）	1カップ（200mℓ）
塩（精製塩）	6	18	240
砂糖（上白糖）	3	9	130
酢・酒	5	15	200
醤油・味噌	6	18	230
油	4	12	180

小麦のおやつ

ゆでてもちもち、蒸してふんわり、焼いてこんがり。小麦粉のもつでんぷんとたんぱく質（グルテン）がさまざまな食感を生み出します。小麦は米との二毛作で各地でつくられてきました。通年食べますが、収穫期の初夏からお盆にかけてつくる小麦粉のおやつが多くあります。

〈岩手県〉

かますもち

もちもちとしたやわらかい生地をかじると、甘じょっぱい味噌あんと、コクのある鬼ぐるみが出てきます。岩手県には、半月形で中に味噌や黒砂糖が入った小麦の食べものが各地にあり、1年を通して小昼(こびる)（農作業の合間に小腹を満たす間食）やおやつにつくられてきました。地域によって名前はいろいろで、あんも塩味の小豆あんや干し栗のあん、皮もそば粉やご飯を混ぜたもの、米粉でつくるものなどがあります。

気候が寒冷で米が育たず、畑作が中心だった県北の二戸(にのへ)では、小麦の生地で味噌あんを包みます。今でこそ、黒砂糖と鬼ぐるみを入れますが、黒砂糖を使い始めたのは昭和40年頃からで、くるみを入れるのは田植えの後など特別なときだけでした。くるみは1個ずつ殻を割らないと食べられないので、手間がかかるぜいたく品だったのです。普段は味噌だけのあんでしたが、帰る頃を見計らって囲炉裏(いろり)の灰の中で温められたかますもちは、空腹もあって子どもにとっては何よりのごちそうでした。

協力＝小野知子
著作委員＝長坂慶子、岩本佳恵

＜材料＞ 5個分

小麦粉（中力粉）…200g
熱湯…200mℓ
味噌あん
- 黒砂糖…40g
- 米味噌*…15g

鬼ぐるみ…10g（10片）

*赤色辛口の味噌。

岩手県では料理やお菓子によく鬼ぐるみを利用する。1年間に使うくるみを秋に山でとってきて保存しておき、必要なときに殻を割って中の実をとり出す

＜つくり方＞

1. 砂糖と味噌を合わせて混ぜ、5等分して丸める。味噌が多いとやわらかくなり、後で溶け出るので、全体がまとまる程度の量にする。
2. ボウルに粉を入れて熱湯を加え、へらで混ぜてから熱いうちに手でまとめる。生地の表面がややなめらかになるまでこね、5等分して丸める。こねすぎるとかたくなる。
3. 2の生地を手のひらぐらいの楕円形に広げ、中央をくぼませる。そこに1の味噌あんとくるみ2片をおき（写真①）、両手の親指のつけ根の高い部分を合わせるようにして半分に折り（写真②）、下半分をとじる。上半分も同様にとじる。中の味噌あんやくるみが出ないように注意し、指でつまんでしっかりとじる。
4. 鍋に湯を沸かし、沸騰したところに3のもちを入れ、ときどきへらで混ぜながら、浮き上がるのを待つ。浮き上がったら水にとり、粗熱がとれたらすぐに布巾にとり出す。

名前と由来のいろいろ

岩手県下には、中にあんを入れて半月形にとじたお菓子があり、地域によっていろいろな名前で呼ばれています。

・かますもち（県北）：半月の形が草を刈る鎌に似ているため。
・かますもち（県央・県南）：塩、石炭、雑穀を入れる、むしろでつくった袋（叺(かます)）に形が似ていることから。
・ひゅうじ、ひゅうじもち（三陸沿岸）：火打ち石に形が似ているため。
・みみっこもち（県北沿岸）：耳の形に似ているため。
・かま焼き（県北・県央）：かまどの形に似ているから。
・味噌っぱさみ（県央）：味噌をはさむので。
・きんかもち（県北・青森県との県境）：黒砂糖、くるみなど当時高価だったものが入っているため「金貨」とかけた。贅(ぜい)を凝らしているので「金華」ともいわれている。

撮影／奥山淳志

〈岩手県〉

がんづき

古くから県南部や沿岸南部、また宮城県北部で子どものおやつや小昼に食べられてきたふわふわもちもちの蒸しパンです。トッピングのくるみが、渡り鳥の雁のようであることから雁月（がんづき）という説もあります。多くの家庭でつくられているだけにその家その家の味があり、ここで紹介する玉砂糖と味噌入りの茶色いがんづきの他に、白砂糖を使う白いがんづきや、生地に野菜を混ぜるものもあります。

初めてつくる人が驚くのが酢の分量です。1／2カップの酢と重曹を混ぜると白い泡が一気に出てきて、この泡が消えないうちに生地に混ぜこみます。でも、できあがったがんづきはすっぱくありません。生地は蒸し器に直接流して蒸すので、さらし布を敷いていたときは、生地がくっついて洗うのが大変だったそうです。

昔は飼っていた鶏の卵を使っておばあちゃんがよくつくってくれたという話も聞きました。砂糖のかたまりがあったり、重曹の粒がかりっと当たり苦かったのも、よい思い出だそうです。

協力＝須藤信子　著作委員＝髙橋秀子

撮影／奥山淳志

＜材料＞ 直径27cm大1個分

- 小麦粉（薄力粉）…250g
- ベーキングパウダー…小さじ2
- 玉砂糖*…200g
- 牛乳…200mℓ
- 卵…2個
- 蜂蜜…大さじ2
- 油…大さじ1
- 米味噌**…小さじ2
- 重曹…小さじ2
- 酢***…100mℓ
- 黒ごま…適量

*粗糖に糖蜜を混ぜて煮つめたもの。黒砂糖と上白糖の中間のような砂糖。

**赤色辛口の味噌。

***らっきょう酢(同量)を使ってもよい。

◎トッピングは黒ごま以外に白ごま、くるみ、レーズンなど。

＜つくり方＞

1. 直径27cmの蒸し器を用意し、蒸し布を敷き、その上にオーブン用シートを鍋の縁の高さまで敷く。
2. 小麦粉とベーキングパウダーを合わせ2〜3回ふるう。
3. 玉砂糖を牛乳で煮溶かして冷ます。
4. 大きめのボウルに卵を溶き、3と蜂蜜、油、味噌を加えて、泡立て器でしっかり混ぜる。
5. 2を加え、とろりとするまで混ぜる。
6. 別のボウルで重曹と酢を混ぜる。白い泡が一気に出るので、泡が消えないうちに5に加え、素早く生地に混ぜこみ、蒸し器のシートの上に流しこむ。
7. 強火で7〜8分蒸し、薄い膜が張ったら黒ごまを散らす。その後また強火で7〜8分、弱火で10分ほど蒸す。
8. 蒸し上がったら蒸し布ごと網の上にとり出し、うちわであおいでつやを出す。冷めたら8等分する。

◎重曹が酢と反応して水と炭酸ガスになり泡が出る。酢は中和されるのですっぱくない。

◎トッピングは白ごまとくるみ、白ごまとレーズンの組み合わせでもよい。

〈宮城県〉

みょうがの葉焼き

県北地域には、小麦粉と砂糖、味噌を練って焼いたおやきがあり、地域ごとに「べったら焼き」「ぼったら焼き」「たらし焼き」などさまざまな呼び名があります。みょうがの葉焼きは、そのおやきの生地をみょうがの葉で包んで焼いたもの。葉をはがして食べると、生地にうつったみょうがの葉の香りが楽しめます。味噌と黒砂糖を入れた生地はほんのり甘く素朴な味で、子どもたちも喜ぶおやつでした。

みょうがには、7月頃にとれる夏みょうがと、9月頃にとれる秋みょうががあります。秋みょうがの葉の方がかたくてつくりやすいという人もいれば、お盆に仏壇に供えるために夏みょうがの葉を使う地域もあります。

昔は味噌も小麦粉も自家製で、みょうがも各家庭で薬味用に育てていたので、みょうがの葉焼きは身近な素材でつくれる簡単なおやつでした。季節になると、茂った葉を摘んでつくっては農作業の合間に食べていました。

協力＝佐藤律子、渡邉照子、増子裕子
著作委員＝野田奈津実、和泉眞喜子

撮影／高木あつ子

＜材料＞12〜16個分

小麦粉…220g
黒砂糖…200g
塩…少々
水…160mℓ
味噌…大さじ1
みょうがの葉…12〜16枚

みょうがの葉をはがして食べる

みょうがは湿度のある場所で育つ

＜つくり方＞

1 ボウルに小麦粉、黒砂糖、塩、水を入れ、菜箸でねっとりするまでかき混ぜる。耳たぶよりやわらかいくらいがちょうどよい。
2 味噌は少量の水（分量外）で溶いてから、1に加えてよく練り混ぜる。
3 2を菜箸ですくってみょうがの葉の真ん中にのせ、片側の端に向かって薄くのばす。生地を内側にして葉を二つ折りにする。
4 フライパンに3を並べ、弱火で熱する。葉にうっすら焦げ目がついたら裏返して両面を焼く。

〈栃木県〉

うでまんじゅう

小麦粉とあんだけで、ゆでて手軽につくるシンプルなおやつです。「うでる」は「ゆでる」こと。ゆでた青菜や卵も「うで菜」「うで卵」といいました。農作業の節目や行事には、重曹を入れてふっくらと蒸し上げる炭酸まんじゅうがつくられましたが、それに比べると手がかからず、少し時間があればつくって、あん入りのだんごのような感覚で親しまれてきた日常的なおやつです。

地元でとれた地粉を使うと小麦粉自体の風味もあり、素朴なおいしさを感じます。県南西部の佐野市を含む両毛(りょうもう)地域では、米と麦の二毛作が行なわれ、小麦の生産がさかんです。小麦は麺や粉もの料理に広く利用され、日常の食事や郷土食として根づいています。かつての農家では地粉も小豆も自家栽培のものを使っていました。小豆はよくできたものは売り物にして、虫食いがあったり不ぞろいのものを自家用としてあんをつくったそうです。

協力=藤田スミ
著作委員=藤田睦、名倉秀子

撮影/五十嵐公

<材料> 10個分

地粉*…300g
熱湯…300g
小豆あん…200g

*地元産の、うどんなどに適した中力粉。

<つくり方>

1 ボウルに地粉を入れ、熱湯を加えて菜箸などでざっくり混ぜる。
2 生地を手でこねて、のめっこく(なめらかに)なったらひとまとめにして10等分にする。あんも10等分にする。
3 生地を丸くのばし、中にあんを入れて包む。
4 湯を沸かし、**3**を入れて5分くらいゆでる。浮いてくればゆであがり。

〈群馬県〉

焼きもち

群馬県では、小麦粉に重曹と味噌を入れてこね、ごま、ふきのとう、山椒の葉、しその実、ねぎなどを入れて焼いたものを焼きもちといいます。表面はこんがり、中はふんわりやわらかく、季節の食材の香りが食欲をそそります。米のとれない山間部では小麦は米の代用食で、焼きもちは手早くつくれて腹持ちもよいので、農作業の合間の小昼飯(間食の意味)として食べることが多かったそうです。懐かしい食べもので、今でもお茶うけやおやつとして親しまれています。

県内各地にはいろいろな焼きもちがあり、東毛の安中では磯部温泉の鉱泉でこねるので、表面がカリッとします。利根地方では焙烙で両面を焼き、熱い灰をかぶせて中まで焼きます。囲炉裏の腰(炉縁)で灰をたたき落として食べるので、「ろぶちたたいて食べなされ」という意味で「ぶちたたかっしゃい」という名で呼ばれました。太田市高林地区の「焼き餅不動尊」の焼きもちは、米の粉の生地で漬物の炒め煮を包みます。

協力=高岸裕代、星野秀子
著作委員=綾部園子

撮影/高木あつ子

<材料> 6個分

地粉(中力粉)*…500g
米味噌…大さじ3
砂糖…大さじ3
鉱泉**…300mℓ

*地粉(中力粉)がないときは強力粉と薄力粉を半々で混ぜる。薄力粉だけの場合は水を少なめにする。

**水でつくるときは重曹小さじ2とベーキングパウダー小さじ1/2を加える。

県北東部の片品(かたしな)村の焼きもちは味噌や砂糖を生地で包む。味噌と砂糖を混ぜるとたれるので、混ぜずに入れる

①

<つくり方>

1 ボウルに地粉、味噌と砂糖を入れる。
2 鉱泉を加えながら手でかき混ぜて、全体に水分がいきわたるようにする。こねつけないでさっくり混ぜるように合わせる。
3 かたいようなら、さらに鉱泉(分量外)を少量加え、耳たぶよりも少しやわらかい程度のなめらかで均一な生地にする。
4 手粉(分量外)をつけた手で生地を6等分し、丸めて表面をなめらかにして平らにつぶす。
5 天板にオーブン用シートを敷いて生地をのせ、上にもシートをかぶせて天板をのせる(写真①)。
6 180℃に予熱したオーブンで、天板をのせたまま20分焼く。または、弱火のホットプレートやフライパンに並べて蓋をし、片面約5分ずつ両面を焼く。

〈群馬県〉

炭酸まんじゅう

上州（群馬県）は日照時間の長さに加えて特有のからっ風が小麦の生育に適し、多様な粉食文化をはぐくんできました。そのひとつ、炭酸まんじゅうは農休みまんじゅうとも呼ばれ、自家製の小麦粉と小豆を使い、来客のもてなしや人寄せなどによくつくられました。重曹でやや黄味がかった皮の色とほんのり感じる独特の苦みは後を引くおいしさで、あん入りの丸めものは大いに喜ばれました。

県南西部、信州との県境に位置する松井田町（現安中市）は、江戸時代から養蚕がさかんでした。まんじゅうは、年4～5回ある蚕上げや田植えのほか、農作業の節目（農休み）や、七夕やお釜の口開け（8月1日）、二百十日（9月1日頃）、十五夜などにも欠かせないものでした。お月見には男の子たちは家々をまわり、縁側に供えてあるまんじゅうを、篠竹でつくった道具で盗んで食べたものです。蒸かすときに敷くまんじゅうっ葉（サルトリイバラの葉）をとりに行くのも、子どもたちの役目でした。

協力＝田中妙子、高橋豊久、原田勇、片山きく江　著作委員＝高橋雅子

＜材料＞ 10個分

地粉（中力粉）…300g
重曹…小さじ2強（9g）
砂糖…50g
水…150mℓ
小豆あん…500g

＜つくり方＞

1 あんを10等分し、丸める。
2 ボウルに地粉、重曹、砂糖を合わせてふるい入れる。水を少しずつ加えながら耳たぶくらいのやわらかさになるようこね、生地をひとまとめにする（写真①）。
3 手でちぎって10等分して丸める（写真②）。
4 生地を丸く広げ中央にあんをのせ、生地で包みながら丸める（写真③、④）。
5 ぬれ布巾を敷いた蒸し器に、間をあけてまんじゅうを並べ、弱中火で15分ほど蒸す（写真⑤）。
6 蒸し上がったらザルなどに出し、水をつけた手でまんじゅうをなでる（写真⑥）。うちわであおいでもよい。

◎甘味噌や、かぼちゃ、じゃがいも、さつまいもを煮てつぶし砂糖で練ったあん、古漬けの白菜の油炒め、きんぴらごぼうなどを包んでもおいしい。

◎水をつけてなでるとまんじゅうの表面がなめらかになり、でんぷんと砂糖が混ざったのり状の層が表面にできるので、つやよくパリッと仕上がる。

①

②

③

④

⑤

⑥

撮影／高木あつ子

〈埼玉県〉

ゆでまんじゅう

日高市を含む入間台地では、小麦の栽培が多く、米以外に主食としてうどんがよく食べられていました。小麦を使ったおやつも多く、炭酸まんじゅうやゆでまんじゅうが代表的です。この地域では麦やお茶の収穫、養蚕業など初夏から夏にかけて忙しかったのですが、7月中旬の天王様（夏祭り）の頃には農作業が一段落するので、各家庭で親戚や近所の人を招いてうどんを打ち、このゆでまんじゅうをつくりました。ゆでまんじゅうを食べると、忙しかった農作業も一息つく感じがしました。

以前は小麦粉だけでつくられていましたが、すぐにかたくなるので、最近は白玉粉を混ぜて生地につやを出し、のびもよくします。また、生地をこねた後にねかすことでも、生地がのびてあんが包みやすくなります。この状態をこの地域では「もえる」といいます。冷水にとることで口当たりがよくなり、暑い時期でも食べやすく、なめらかな皮とあんの甘さのバランスが絶妙で、思わず一つ、二つと手が出ます。

協力＝日高市食生活改善推進員協議会
著作委員＝木村靖子

＜材料＞ 20個分

小麦粉…500g
熱湯…350mℓ
小豆あん…500g

＜つくり方＞

1 小豆あんを20等分して丸める。
2 ボウルに小麦粉を入れ、熱湯を少しずつ加えて菜箸で混ぜる。ポロポロしてきたら、耳たぶくらいのかたさになるまで手でこねる（写真①）。ポリ袋に入れてのばし（写真②）、30分ほどおく。
3 2の生地を棒状にして20個に切り分ける（写真③）。
4 丸めた生地を指でのばして平らにし（写真④）、あんをのせ（写真⑤）、生地を下から上に向かってのばしながら包み（写真⑥）、頂点で生地をつまむ。
5 とじ目を下にして丸める。あんが出ていないことを確かめ、両手で押して平らにする（写真⑦）。平らな方がゆでたときに早く火が通る。
6 沸騰した湯に5を入れ、木じゃくしで静かにかき回す。温度が低いとくっつくので、必ず沸騰した湯に入れる。浮いてきたら網じゃくしであげて（写真⑧）、冷水にとる。
7 厚手のペーパータオルで水けをふきとる。かたくなりやすいので、できたてを食べる。

◎生地からあんが出ていると、ゆでたときにそこから水が入るので、あんが出ていないか確かめる。

◎生地に白玉粉を加えるとかたくなりにくい。その場合のつくり方(12個分)：小豆あん350gを12等分して丸める。小麦粉200gに熱湯150mℓを入れてこねる。白玉粉150gに水120mℓを入れてこねる。２つの生地をしっかり混ぜ合わせ、12等分して同様にあんを包んでゆでる。

①

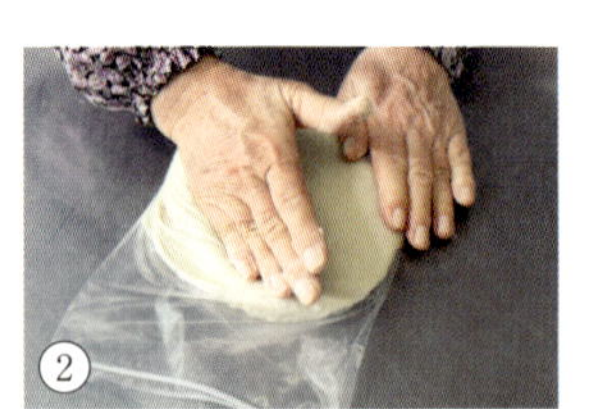
②

③

④

⑤

⑥

⑦

⑧

撮影／長野陽一

たらし焼き

〈埼玉県〉

季節の野菜を刻んで、生地に混ぜた味噌味のおやつです。日常的につくっていました。県西部の秩父地方は周囲に山岳丘陵を眺める盆地で、山の斜面を利用した農作物がとれます。稲作はわずかで、おもに大麦、小麦、とうもろこし、芋類などです。忙しい農作業の合間のこじゅうはん(おやつ)には、たらし焼きのような簡単な料理をよく食べていました。

基本は味噌味ですが、味噌を入れずに焼く場合には、砂糖醤油のたれをつけて食べたりします。野菜は決まったものはなく、その時期にあるものを入れるので、同じ味噌味でも季節を感じられます。家庭によっては野菜のほかに、残りご飯を40gぐらい、またはしゃくし菜漬け、最近では桜えびなどを加えることもあります。重曹は好みで多めに入れて、やわらかくふわふわにする家もあります。甘いお菓子の少ない時代に、簡単につくれて材料も手近にあったため、仕事の合間のおやつやお茶うけに重宝されていました。

協力＝新井信子、黒澤美津江、黒沢政子
著作委員＝名倉秀子

撮影／長野陽一

<材料> 10枚分

小麦粉…300g
重曹…好みで小さじ1弱(3g)
水…250〜300mℓ
味噌…40g
青じそ…10枚
長ねぎ…2〜3本
油…大さじ1

<つくり方>

1 青じそは粗みじん切り、ねぎは薄い小口切りにする。
2 小麦粉と重曹を合わせる(重曹を使う場合)。
3 ボウルに水を入れ、味噌を溶き、小麦粉と青じそ、ねぎを加えて菜箸でかき混ぜる。持ち上げて、ぽとりと生地が落ちるくらいのかたさまで。
4 フライパンを温めて油をひき、玉じゃくし軽く1杯、またはスプーン山盛り1杯分の生地をたらし入れ、蓋をして弱火でじっくり両面を焼く。

撮影／長野陽一

<材料> 1枚分

小麦粉…100g
重曹…小さじ1
水…約150mℓ
油…小さじ1
砂糖、醤油…各小さじ1

<つくり方>

1 小麦粉に重曹を入れて混ぜ、水を加え、だまにならないようにかき混ぜる。
2 フライパンに油をひいて、全量を流し入れ、蓋をして中火で焼く。焼き色がついたら裏返し、また蓋をして焼く。
3 食べやすい大きさに切り、砂糖醤油をつけて食べる。

◎小さく角切りにしたさつまいもや、ご飯を生地に入れて焼いてもよい。

〈東京都〉

たらし焼き

小麦粉と重曹を水で溶き、焙烙(ほうろく)鍋にたらし入れて焼いたので、たらし焼きといいます。多摩地域南部にある日野市でつくられているおやつで、大きく1枚に焼いたものを適当な大きさに切り、砂糖醤油をつけて食べます。重曹が入っているので生地はやや黄色く、ふくらんでもっちりとした食感です。

日野市は多摩川と浅川沿いに広がる水に恵まれた地域で、低地には水田が広がり、かつては東京の米蔵といわれるほど稲作がさかんでした。台地や丘陵地の畑では小麦や陸稲がつくられ、昔から小麦は身近な素材です。たらし焼きは手軽にできて腹持ちがいいので、農作業の合間におやつとして食べられました。

卵や牛乳、砂糖が入るホットケーキなどに比べると甘いおやつではありませんが、噛めば噛むほど粉のおいしさを味わうことができます。その時期に収穫したねぎ、さつまいもなどの季節の野菜を加えたり、残りご飯を入れたりしてもおいしいそうです。

協力＝武田シン　著作委員＝白尾美佳

〈東京都〉

あおやぎ

緑色のカラフルなお菓子は、新島や式根島で十五夜（旧暦8月15日）や十三夜（旧暦9月13日）のお月見につくられます。名前や色の由来はわからないのですが、「お月見といえば緑色のあおやぎ」なのです。お供えにはせず、集まって食べるためのお菓子です。ほかに赤や緑の食紅を使って鮮やかな模様をつけたお月見まんじゅうもつくり、これはすすきや萩の花、ゆでた里芋などと一緒に供えます。

お月見は子どもたちにとっても特別な日で、夜遊びが許される日でした。男の子は自分たちで基地をつくり、女の子グループは空いている家の隠居所（離れ）に集まり、会場となる場所を万国旗のような旗をつくり飾りました。ここにあおやぎやお月見まんじゅう、弁当などを持ち寄って、出し物をしたり歌を歌ったりして遊びます。男の子グループは、庭先のお供えものや旗をとる「旗どろぼう」をしたりと、島中で夜遅くまで楽しんだそうです。

協力＝梅田喜久江、新島村郷土料理研究会、植松育　著作委員＝加藤和子

撮影／長野陽一

<材料> 約70個分

小麦粉（薄力粉）…1kg
砂糖…200g
塩…ひとつまみ
白玉粉…150g
水…2ℓ
小豆あん…700g
食紅（緑色）…少々
打ち粉（小麦粉）…適量

<つくり方>

1. 白玉粉をつぶし、小麦粉、砂糖、塩と合わせてだまにならないようにふるいにかける。
2. 1を鍋に入れ、水と食紅を加えて混ぜる。
3. 鍋を湯煎または弱火にかけ、焦がさないようにしゃもじで底からしっかりと混ぜながら、十分に練る。
4. 全体がひとかたまりになり、色が鮮やかになったら火からおろして冷まし、鍋の中で手で十分にこねる。
5. 打ち粉をした上にとり出し、1個分約30gずつちぎり丸める。あんは1個10gずつ丸める。
6. 5を広げ、中にあんを包んで形を整える。上部に2本の指で皮をつまむようにしてくぼみをつける。
7. 蒸し器に入れて、中火で5分ほど蒸す。

撮影／長野陽一

<材料> 8個分

小麦粉（薄力粉）*…80g
砂糖…8g
水…160mℓ
食紅（赤色）…少々
油…適量
こしあん（小豆）…120g
桜の葉の塩漬け…8枚

*白玉粉大さじ2を加えると、もっちりやわらかい皮になる。

<つくり方>

1　桜の葉は水（分量外）につけて塩出しして水けをきる。
2　こしあんを1個14〜15gに丸める。
3　小麦粉と砂糖を混ぜてふるい、水を少しずつ入れ泡立て器で混ぜる。
4　食紅は竹串の先につけてとり、少量の水（分量外）に溶いてから、色を見ながら3に混ぜ入れてピンク色にする。焼くと色が濃くなるので、食紅は入れすぎない。このままラップをして20分程度ねかせる。
5　フライパンを弱火で温めて油をひく。余分な油をペーパータオルで拭きとり、生地を大さじ2〜3入れ、スプーンの背で楕円になるよう薄くのばして焼く。表面が乾いたら裏返して焼く。焼けたら皿などにとり、乾かないようにラップをかける。
6　5の皮にやや細長くしたあんをのせて巻き、上から桜の葉で巻く。

◎ホットプレートで焼くときは、低温（160℃前後）に設定する。焦がさないように注意する。

〈東京都〉
桜もち

東京では桜もちは、3月3日の上巳（じょうし）の節句（桃の節句）によく食べます。端午の節句の柏餅と並び季節を感じさせるお菓子のひとつで、春になるとたいていの和菓子屋で販売されます。塩漬けの桜の葉の香りと塩気が、甘いこしあんと不思議とよく合います。

関東で桜もちというと、小麦粉生地の皮でこしあんを包んだものですが、関西ではもち米でつくる道明寺粉を使ったものをそういいます。関東風の桜もちは、墨田区向島で享保2（1717）年、「長命寺桜餅 山本や」初代の山本新六が、長命寺という寺の門番をしていたときに大川（隅田川）沿いの桜の葉の利用法として考案したといわれています。山本やの桜もちは皮は白色で、香りづけと乾燥を防ぐために3枚の葉で包まれていますが、他では皮をピンク色に染め、葉は1枚のものが多いようです。

店で購入することも多いですが、子どもと一緒に簡単に手づくりできます。雛人形の前に雛菓子と一緒に飾ると華やかで、3月の卒業式のお祝いなどにもいいものです。

著作委員＝宇和川小百合

撮影／五十嵐公

<材料> 6個分

小麦粉…200g
重曹…小さじ1/2（2g）
水…130mℓ
砂糖、きな粉…各適量

<つくり方>

1. 小麦粉に重曹を加えてよくかき混ぜ、水を加え、生地がまとまる程度にざっとこねる。
2. 生地を6等分し、直径3cmほどの大きさに丸める。
3. 蒸し器に入れ、強火で20分蒸す。ちぎって、砂糖をつけたり、きな粉をつけてりして食べる。

〈神奈川県〉

炭酸パン

小麦粉を水でこねてふかしただけの簡単なおやつで、蒸しパンと呼ぶ人もいます。県北部の相模原台地は水利が悪く、稲作より畑作に適した地域です。米は収入源なので、収穫した小麦を自家用に、地域にあるひき屋（製粉所）で粉にして常備し、さまざまに利用しました。夏祭りには手をかけ、小豆あんを入れて酒まんじゅうをつくりますが、普段のおやつには炭酸（重曹）で手早くこね、蒸したり、おやきのように焼いたりします。せいろで蒸している間は火のそばについていなくてもいいので、畑仕事や家事ができて時間を有効に活用できたそうです。一度にたくさん蒸し上がるので、忙しい畑仕事の休憩時におしゃべりしながら大勢でほおばりました。

生地自体に味をつけず、中に何も包まないので、砂糖やきな粉、味噌など家にあるものをつけて食べます。さつまいもがあるときは、さいころに切って生地に混ぜて蒸すと、貴重な砂糖を使わなくてもさつまいもの甘さで食べられました。

協力＝篠崎梅子、小室康男
著作委員＝大迫早苗、酒井裕子

〈神奈川県〉

酒まんじゅう

神奈川県の水がめといわれる津久井地方は山がちで水田は少なく、麦飯やうどん、すいとん、まんじゅうなど日常の食生活は麦が土台でした。酒まんじゅうは夏祭りや盆にはどこの家庭でもつくったものです。種が発酵しやすい暑い時期につくるのがよいとされますが、7月の初めはどういうわけか失敗しがちで、盆の頃になるとよくできるという人もいました。

種つくりは一番の難点でいつもうまくいくとは限りません。新しい樽で仕込むと失敗するので容器はいつも同じものを専用にしているとか、仕込んで2日目に味見して確認し、本番の前に生地だけ試作して確かめるなど、いろいろな工夫があります。忙しいときは上手な人にお願いして種を分けてもらったりもしたそうです。

得意な人は数もいとわず、日も選ばずつくったもので、月見にもだんごではなく、酒まんじゅうを供えたそうです。秋冬にはこたつを利用して、もやる（発酵させる）など工夫したといいます。

協力＝篠崎梅子、小室康男
著作委員＝酒井裕子、大迫早苗

撮影／五十嵐公

＜材料＞ 20個分

【種】
ご飯…茶碗2〜3杯（220g〜330g）
水…600mℓ
米麹…25g
【皮】
小麦粉（中力粉）…1kg
砂糖…36g
種汁…500mℓ
【小豆あん】
小豆…320g
砂糖…350g
塩…6g

発酵した種の状態

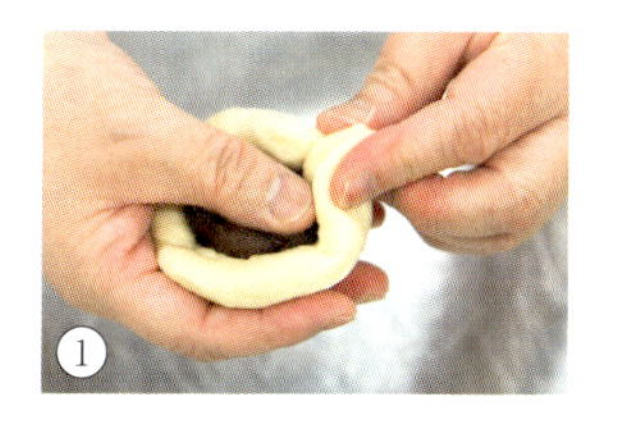

＜つくり方＞

1 種の材料を炊飯器に入れてよく混ぜ、かたくしぼったぬれ布巾をかぶせて「保温」のスイッチを入れる。炊飯器の蓋はしない。夏場なら約2日、ご飯が浮くまで発酵させる。
2 小豆あんをつくる（p4参照）。
3 1をザルにあげてしぼる。こした汁が種汁。
4 皮をつくる。小麦粉と砂糖を混ぜた中に人肌程度に温めた種汁を加え、耳たぶほどのやわらかさになるようこね合わせ、ねかせる。
5 生地が約2倍にふくらんだら、静かに手のひらで1〜2回押してガス抜きをして、さらにこねる。これで生地のきめが細かくなり、なめらかになる。
6 生地を1個分（60g）ずつちぎり、よくこね、なめらかにして丸める。
7 生地を、中心は厚め、外側は薄く広げ、中心にあん40gをのせる。
8 あんを親指で押さえながら、もう片方の手で皮をとじ、あんを包む（写真①）。最後に皮をつまんでしっかりとじる。
9 指で押しても元に戻らないくらいになるまで、30分ほどねかす。
10 中火で20分蒸す。ザルなどに出し、うちわであおいでつやを出す。強火で蒸すと皮が割れる。

〈山梨県〉

酒まんじゅう

県最東部に位置する上野原市は水に恵まれない土地で、水田は少なく、陸稲、小麦、大麦、いも、こんにゃくがおもな産物でした。おやつには小麦粉を使うことが多く、正月や盆などのハレの日、祭りになると各家庭で、自家製の「まんじゅう酒」でふくらませた酒まんじゅうがつくられました。

まんじゅう酒や生地づくりは気温が影響し、夏はよく発酵しますが、春秋の気温の低いときや冬場は難しく、こたつなどで保温しなければなりません。しかしできあがったまんじゅうのやわらかさと独特の発酵した香りは魅力的で、手間をかける甲斐があります。やわらかい生地であんを包んで丸める作業はなんとも楽しいものです。

小豆あん以外にも、味噌あんを入れたり、焼いた鮭やマスを包むまた、「ととまん（ととは魚）」もあります。生地のおいしさを楽しむためにあんの入らないまんじゅうに砂糖をつけて食べる人もいます。今は酒まんじゅうを商う店があり、日常的に食べられています。

協力＝原田照子、前澤悠紀子
著作委員＝時友裕紀子

撮影／高木あつ子

<材料> 20個分

【まんじゅう酒】できあがり約2ℓ
ご飯…600g（茶碗約4杯分）
水…1ℓ＋500mℓ
乾燥米麹…70g

【小豆あん】
小豆…500g
砂糖…400〜450g
塩…少々

【生地】
小麦粉（中力粉）…750g
こした「まんじゅう酒」…500mℓ
小麦粉（中力粉）…適量（打ち粉用）

2ℓくらいのホーロー鍋（まんじゅう酒専用とし、他で使わない）

<つくり方>

【まんじゅう酒】

1 ホーロー鍋にご飯と水1ℓを入れ、煮ておかゆにする。
2 1が冷めたら麹と水500mℓを加えて混ぜ、軽く蓋をする。
3 1日1回かき混ぜる。少しするとふつふつと気泡が出てくる。5月頃で約4日、夏日は約2日、真夏日は1日から1日半で発酵十分となる。

<発酵の判断>
味をみて甘みがあれば発酵は不十分で、おだやかな酸味があり、ほのかな甘さが残る状態ならよい。少し苦みがあってもよい。少しとり出し、少量の重曹を入れて泡立てば発酵終了。

4 まんじゅう酒は当日使わない場合はペットボトル（蓋にキリで穴を開ける）に入れ、冷蔵庫に保管する。次に種として使うとまんじゅう酒が早く発酵する。

【小豆あん】
小豆はやわらかくなるまで煮て、砂糖と塩を加えてさらに煮る。冷めたら1個35〜40g、20個分丸める。

【まんじゅう】

1 大きめのボウルに小麦粉を入れ、写真①のように常温においてこしたまんじゅう酒を入れてこねる（写真②、③）。粉が多い場合はまんじゅう酒を少し足し、耳たぶくらいのかたさにする。生地を丸め、生地の底と生地の周りに打ち粉をして25〜30℃で2〜4時間ねかせる（1次発酵）（写真④）。冬や気温が低いときは、こたつやオーブンの発酵機能を使うとよい。
2 生地の直径が2倍以上にふくらみ、表面にひびが入ってきたら完了（写真⑤）。生地がやわらかく手につきやすいので、打ち粉をしながらさらにこねる（写真⑥）。
3 生地をちぎって1個70gを20個つくる（写真⑦）。生地を平らにし、あんをのせて丸める（写真⑧、⑨）。粉をつけながら成形し（写真⑩）、25〜30℃で1〜1時間半おく（2次発酵）。ややひびが入ってくるくらいがよい。
4 蒸し器に間隔をあけて並べ（写真⑪）、強火で25〜30分蒸す。蒸し上がったら（写真⑫）、とり出してうちわであおぐとつやが出る。

〈岐阜県〉

みょうがぼち

6～8月にかけてつくられる初夏のおやつです。5月頃にとれるそら豆（外豆）を乾燥させてとっておき、そのあんを6月からのびてくるみょうがの葉で巻きます。そら豆とみょうがの葉の香りに夏を感じます。

「ぼち」はもちのことで、小麦粉を練って蒸したものもこう呼びます。こねすぎないので噛み切りやすい、やさしい食感になります。かつては農作業の合間に疲れを癒すおやつとしてつくられ、みんなが5個、6個とおなかいっぱいになるまで喜んで食べました。

みょうがは直射日光に弱く葉がすぐに赤くなってしまいますが、濃尾平野の北西に位置する瑞穂市や本巣市は柿畑や梨畑が多く、木陰でみょうががよく育つのです。そら豆は田んぼのあぜ道で育てるごく身近な豆でしたが、今は栽培物や購入品を使うことが多くなりました。それでも、季節になるとみょうがぼちをたくさんつくって、配ったりいただいたりと、今でも地元の人々に親しまれています。

協力＝吉田智子
著作委員＝辻美智子

＜材料＞30個分

【生地】
小麦粉（薄力粉）…400g
米粉…50g
砂糖…30g
塩…小さじ1（6g）
熱湯…500～600mℓ

【そら豆あん】
乾燥そら豆（皮付き）*…230g
砂糖…75g
塩…8～10g

みょうがの葉…30枚

*さやが黒くカリカリとした状態になるまで乾燥させたもの。翌年の種にもなる。

左から乾燥そら豆、一晩水につけたもの、そら豆あん

＜つくり方＞

1 そら豆のさやをむき、たっぷりの水に一晩つける（倍に膨らむ）。
2 ザルにあげて薄皮をむき、豆が浸る程度の水で約20分、粗くつぶれるぐらいのやわらかさになるまでゆでる。
3 水をきり鍋に移し、砂糖と塩を加え、木べらでかき混ぜながら煮つめ、豆をつぶす。
4 水けを飛ばしたら（プツプツと沸騰したら）火を止める。
5 冷めたら冷蔵庫に入れ一晩おく。ホロッとかためのあんになる。
6 みょうがの葉は水洗いし、ぬれ布巾で拭き、汚れを落とす。
7 小麦粉、米粉、砂糖、塩はボウルにふるい入れて軽く混ぜる。
8 熱湯をボウルのまわりにかけるように入れ、菜箸で手早く混ぜた後、手でこねる。こねすぎて粘りが出ると食感がかたくなるので、耳たぶ程度のやわらかさとする（写真①、②、③）。
9 生地を30個に分ける。1個は約30g。
10 分量外の打ち粉（米粉）をしながら、生地を丸く薄くのばし、あん（16～18g）を包んで丸形に整える（写真④、⑤）。やわらかい生地なのでやさしく包む。
11 みょうがの葉の裏側を上に向け、根元から7～8cm部分にポキポキと折り目をつける。根元部分に生地をのせて巻きながら包み（写真⑥）、蒸し器に並べる。
12 中火で8分程度蒸す。生地が白く透き通ったら火を止める。

撮影／長野陽一

〈長野県〉

おやき

おやきは、小麦粉やそば粉などの生地であんを包んで加熱した料理です。年間通して食べますが、ここで紹介した丸なすのおやきは善光寺平のもので、なすの収穫時期につくられ、石の戸（旧暦7月1日、冥土から先祖の霊が石の戸をかたいおやきで打ち破って出てくる日）、迎え盆、送り盆などに欠かせません。その丸い形からめでたいとされ、家族や部落の無事を祈ったり、先祖へ供えたりする「ハレ」の顔と、普段の食事やおやつとして食べる「ケ」の顔があり、何かにつけてつくられてきました。

おやきづくりは「手の知恵づかい」といわれますが、それは両手のひらと指を総動員するからです。おいしいおやきには、生地のこね具合や包み方、あんの味つけなど、たくさんのコツが詰まっているのです。つくり方もあんの種類も地域や家庭で違い、それぞれ自慢のものがあります。なすは丸のままか刻まないか、蒸すか焼くか、それぞれに思いがあり、おやきの話を始めると際限なく続きます。

協力＝池田玲子、小林貞美、古山直樹
著作委員＝中澤弥子

撮影／高木あつ子

＜材料＞ 10個分

小麦粉（中力粉）…250g
ぬるま湯…175mℓ
丸なす…2〜3個
【甘味噌】
味噌…60g
砂糖…大さじ1と1/2
油…大さじ1/2
七味唐辛子…少量

＜つくり方＞

1 味噌と砂糖と油を混ぜ、練り合わせる。好みで七味唐辛子を加える。
2 粉にぬるま湯を入れ、耳たぶほどのかたさになるまで20分以上よくこねる。水分が多いときは粉を足す。加える湯の温度が高いほど、いつまでもやわらかい皮になる。
3 乾かないようにぬれ布巾をかけて1時間以上ねかせる。
4 丸なすは1.5cm厚さの輪切り10枚にする。真ん中に切れ目を入れ、そこに甘味噌を好みの量はさむ。
5 **3**の生地を40gくらいずつ10等分して、両手のひらと指を使って生地をよく丸めて、丸く薄くのばして**4**のなすを包む。
6 中火で温めたフライパンで、両面がきつね色になるまで焼く。くっつく場合は薄く油（分量外）をひく。
7 蒸し器に蒸し布をしいて**6**を並べ、強火で15〜20分蒸す。蒸気がよく回るよう真ん中をあけ、くっつかないように並べる。竹串がなすにスムーズに刺されば蒸し上がり。焼かずにみょうがの葉や青じそで包んでそのまま蒸してもいい。

◎丸なすを輪切りにしたら変色しないうちに甘味噌をはさみ、手早く生地に包む。時間がかかると甘味噌が外に出てくる。

長野県のおやき いろいろ

おやきは、もともとは焼きもちといわれ、各地で入手できる粉を生地にして、囲炉裏の渡しや灰の中で焼いたもの（灰焼き）でした。現在では、囲炉裏が一般家庭から消え、蒸し器で蒸かす、蒸かして焼く、フライパンやホットプレートなどで焼く、焼いて蒸かす、揚げて焼く、揚げて蒸かすなど、さまざまな調理法でつくられています。また、皮の種類にも、米粉、中力粉（地粉）、そば粉、じゃがいもが利用され、ふくらし粉を入れる、笹で巻くなど、さまざまな地域・家庭のつくり方があり、季節による地域の産物を生かしたあんを包んでいろいろなおやきがつくられています。

灰焼きおやき

囲炉裏の灰の中で蒸し焼きにしてつくる。大人のこぶし大ほどあり、ほどよく焼けた皮が香ばしく、外側はぱりっとかたく、中の生地は厚めで歯ごたえがあり、噛めば噛むほど、地粉の素朴な風味やうま味が味わえる。なすと味噌や切り干し大根などをあんにする。

おやき（鬼無里）

そば粉や地粉でつくる。昔は囲炉裏にかけた焙烙（ほうろく）で焼き、灰熾（お）きの周りの「渡し」におくか、灰焼きにした。今は焼き目はフライパンでつけて蒸す。味噌や塩で和えたなす、野沢菜やゆでじゃがいもなどをあんにする。行事食、日常の主食や間食に食べられてきた。

おやき（伊那）

米粉の生地で小豆あんを包んで蒸した後に焼き目をつける。上伊那地域にはえびす様が出雲に発つ日にあんなしのおやきを供え、帰ってくる日に小豆あんを詰めた俵形やかます形のおやきを一升枡に入れて供える風習があり、「えびす講おやき」と呼ばれる。

あんぼ（栄村）～おやきの仲間

あんぼと呼ばれる米粉の生地に、野菜や山菜と味噌の和え物などを包んで蒸したもの。昔は、ヒエ、ソバ、アワなどの雑穀、トチの実の粉も利用し、直径8㎝ほどの大きなものだったそう。今はよもぎを加えた生地もあり、小豆あんや野沢菜などの季節のあんでつくる。

ちゃのこ（小谷村）～おやきの仲間

そば粉・小麦粉に加え、ゆでたじゃがいもを練りこんだ生地でつくったもの。昔は主食や農作業の合間などの間食として食べられてきた。ゆでたじゃがいもを加えるため、やわらかくもっちりした食感と、そば粉ならではの独特の風味を味わえる。

〈長野県〉

にらせんべい

せんべいといっても、もち米を使った煎餅ではなく、小麦粉やそば粉を使ってつくる粉ものです。小麦粉やそば粉を水で溶いて焼いたものは、長野県全域でつくられていますが、北信地方ではこれらをせんべい、うすやきと呼びます。にらせんべいは子どものおやつやこびり（農作業の合間に食べる間食）として、春から秋、にらがとれる季節によくつくられたものです。

具はにらだけでもいいのですが、味噌漬けを加えると味がしっかりつき、何もつけずそのまま食べられます。にらに限らず、なすやさつまいもなどの季節の野菜を刻んで具にすることもあります。水は好みで加減しますが、多くしてタネをゆるめにすると、もっちりした食感になり、冷めてもおいしくできます。

昔は、焙烙（ほうろく）やフライパンで大きくつくって切り分けていましたが、今は食べやすさを考えてホットプレートで直径8cmくらいの丸形に焼くこともあります。手軽につくれるため、今も日常的に食べられ親しまれています。

協力＝木原喜美子　著作委員＝中澤弥子

撮影／高木あつ子

＜材料＞ 20枚分

小麦粉（薄力粉、地粉など好みの粉）…100g
にら…40g（好みの量でよい）
大根、きゅうり、なすなどの味噌漬け…20g（なくてもよい）
水…150〜200mℓ
油…適量

＜つくり方＞

1 にらを0.5〜1cm幅に切る。香りを出すため、手でちぎってもよい。味噌漬けは細かく刻む。
2 小麦粉に水を加え、1のにらと味噌漬けを加え、混ぜ合わせる。
3 フライパンをよく熱し、薄く油をひいて、2を玉じゃくしで好みの大きさに落とし、中火から弱火で焼く。
4 表面が乾いてきたら裏返す。両面がこんがりとキツネ色になるまで弱火で蓋をして焼く。
5 焼けたら何もつけずにそのまま食べる。好みで砂糖醤油、ねぎ味噌、甘味噌をつけてもよい。

撮影／五十嵐公

<材料> 7〜8個分

さつまいも…1本（250g）
三温糖または上白糖…90g
小麦粉…135g
白玉粉…40g
水…70〜100mℓ

<つくり方>

1 さつまいもは皮をむいて1㎝角に切り、水に約10分つけてアクを抜く。皮は一部残すと見栄えがよい。
2 水けをきったいもと砂糖をボウルに入れて混ぜ合わせ、約1時間おく。
3 **2**のボウルに小麦粉と白玉粉を入れて混ぜ、生地がねっとりとした状態になるように水で調整する。
4 12×12㎝に切ったオーブン用シートに**3**の生地をスプーンで落とし、蒸し器に入れて中火で約20分、いもに竹串がすっと通るまで蒸す。

◎いもと砂糖を混ぜておくと、いもから水分が出て砂糖も溶け、いもに砂糖がしみこむ。ボウルにたまった水は捨てないでそのまま使う。

〈愛知県〉鬼まんじゅう

さつまいも入りの蒸しまんじゅうで、さつまいものごつごつとした角切りが鬼の角や金棒に見えることから、鬼まんじゅうと呼ばれています。ふくらし粉を入れないので生地はもちもちし、表面はつやつやとしています。もともとは小麦粉だけでつくっていましたが、冷めるとかたくなるので、もっちりとしたやわらかい食感を出すため、昭和50年代あたりから白玉粉を加えることが多くなりました。

愛知県は昔からきしめんをはじめ小麦類の利用が多く、水田の裏作でつくられた小麦を粉にひいて麺やおやつにと利用してきました。日常的に小麦粉と砂糖を水で溶いて焼いた「だら焼き」をつくったり、秋にさつまいもがとれると、鬼まんじゅうを蒸したりしたそうです。

鬼まんじゅうは古くから県全域で親しまれており、おやつの時間や来客時に抹茶を飲む習慣がある愛知海岸の知多では、抹茶とともに食べたりもしています。

著作委員＝伊藤正江、筒井和美

〈愛知県〉

じょじょ切り

田原市は愛知県の南端に位置する渥美半島にあります。ここは今でこそ野菜や花などの栽培がさかんな日本屈指の農業地帯ですが、昭和43年に豊川用水が開通する以前は、大きな川もなく水が不便な土地でした。稲作より乾燥に強い作物による畑作がさかんで、小麦が多く栽培されていました。そのため小麦粉をさまざまに工夫した料理があり、うどんを葬儀の際に食べる習慣もあります。

じょじょ切りもそのうちの一つで、麺状にした小麦粉の生地を汁ものとして食べる料理です。この小豆汁で甘くする場合と、醤油味の汁でごはん代わりにする場合があります。名前のいわれは諸説あり、ドジョウに似ているからとか、じょきじょき切るからなどといわれています。小豆も砂糖も貴重なものだったので、小豆の甘い汁ものはとてもうれしく、家族で楽しみにしている料理でした。今は年中食べますが、昔は田植えや稲刈りが一段落する農上がりに食べて、疲れをいやしたのです。

協力＝農村輝きネット・あつみ（中川美代子、福井佐和子）　著作委員＝野田雅子

撮影／五十嵐公

＜材料＞ 4人分

小麦粉（薄力粉）…100g
練り用の水…約50mℓ
┌小豆…100g
│水…450mℓ
└砂糖…100g、塩…小さじ1/3
水…600mℓ
打ち粉（薄力粉）…適量

＜つくり方＞

1 小豆は十分かぶるくらいの水でゆでこぼし、450mℓの水を加えて30分〜1時間煮る。水が少なくなったら差し水をする。小豆がやわらかくなったら砂糖と塩を加え、溶けたら火を止める。
2 小麦粉に練り用の水を少しずつ加え、最初は菜箸で混ぜ（写真①）、まとまってきたら手でこねる。耳たぶくらいのやわらかさになるまで調整する。
3 2を棒状にして打ち粉をし、麺棒でのし、厚さ2〜3mm、長さ5〜8cm、幅5mmに切る（写真②）。
4 鍋に水600mℓを沸騰させ、3をほぐしながら入れる（写真③）。浮きあがってきたら、1を煮汁ごと加え（写真④）、砂糖（分量外）で味を調える。

①

②

③

④

撮影/長野陽一

<材料> 10個分

小麦粉…150g
熱湯…約90mℓ
小豆あん…200g

いばら(サルトリイバラ)の葉20枚

<つくり方>

1 小麦粉に熱湯を加えて耳たぶくらいのかたさにこね、丸めてぬれ布巾をかけて10分おく。
2 あんを10等分にして丸める。
3 1の生地を10等分にし、直径8cmの円形にのばす。
4 のばした生地であんを包み、厚さ2cmのだんご状にし、いばらの葉で上下をはさんで蒸し器で15分くらい蒸す。

◎生地に上新粉を混ぜるとやわらかくなる。

いばらの葉。山帰来(サンキライ)と呼ぶ地域もある。最近は木が少なくなり、見つけるのが難しい。雑草と間違えて刈り取られてしまう場合もある

〈三重県〉

いばらもち

新緑の季節、大きくなるいばら(サルトリイバラ)の葉を近くの里山でとり、その葉で生地を包んだ蒸しまんじゅうです。家にある材料で簡単につくれ、農作業の合間のおやつでした。毎年、田植えが終わって一段落する野あがり(田植え後の休み)にもつくり、田植えで世話になった人に配る習慣もあったそうです。

いばらもちは北勢での呼び方で、ほかにドッカン、ガンダチ、中南勢ではどうかん、どうがん、いばらまんじゅう、伊賀ではいばらだんご、伊勢志摩ではいばらまんじゅう、東紀州ではおさすりと呼ばれ、全県でつくられてきました。

昔は、水稲の裏作に自家用の小麦を栽培していたので、それを集落の製粉所でひいてもらい、その小麦粉と、自家栽培の乾燥そら豆でつくったこしあんを使いました。そら豆のあんは、さらっとしておいしく今も懐かしむ人が多いです。蒸したてはやわらかいのですが、時間がたつとかたくなるのでつくりおきはしません。いばらの葉が手に入る、初夏だけのおやつです。

著作委員=萩原範子

〈大阪府〉

たこ焼き

　人口10万人あたりの「たこ焼き店」軒数の第1位は大阪府だそうです。そんな大阪の味・たこ焼きは「ちょぼ焼き」「ラヂオ焼き」「明石焼き」などのいくつかのルーツの味（ページ下コラム参照）をとりこみながら大阪を代表する〝粉もん〟になりました。

　今も昔も街中には子どもの小づかいで購入できる安価なたこ焼き屋があり、祭りや正月の縁日でもたこ焼きの屋台が並びます。かつては経木の舟皿に5個か6個入れてもらい、ソース、かつお節、青のりを振ってもらってつまようじで食べました。今はトレーが主流となり、経木の香りは懐かしいものになってしまいました。

　家庭でもたこ焼き器は一家に一台というくらい普及していて、たこ焼きパーティーは家族や友人が大勢集まるときの楽しみです。具もたこや青ねぎにこだわらず、ウインナーやチーズ、桜えび、ツナやコーンなど若い人たちの喜びそうな無数のバリエーションが生まれています。

協力＝米澤朋子・美栄子、藤原弘子、休斉敏彦・美和子　著作委員＝山本悦子

<材料> 40個分

小麦粉（薄力粉）…100g
だし汁…400mℓ
卵…1個
ゆでダコ…100g
こんにゃく…60g
青ねぎ…20g
天かす…少々
紅しょうが…少々
濃厚ソース、かつお節、青のり
　…各適量
油…適量

<つくり方>

1. ボウルにだし汁と卵を入れて混ぜ、小麦粉を加え泡立て器で混ぜる。
2. ゆでダコは8mm角に切る。こんにゃくは8mm角に切りゆでる。青ねぎは小口切り。紅しょうがはみじん切りにする。
3. たこ焼き器を強火で熱し、油をひき、生地を流し入れる。
4. 流した生地に、タコとこんにゃく、天かす、青ねぎ、紅しょうがを適量ずつ入れていく（写真①）。
5. 生地がかたまってきたら中火にして、竹串やピックできれいな球体になるように返していく（写真②）。
6. 全体が弾力のあるかたさになり、こんがりと焼き色がついたらできあがり。
7. ソースを塗り、かつお節、青のりを散らす。

たこ焼きのルーツいろいろ

　大正から昭和初期にかけて流行したという「ちょぼ焼き」は、たこ焼きのように球形ではなく、浅いくぼみのある鉄板で焼いたもので、こんにゃくや紅しょうが、えんどう豆などの具が入ったところがふくらんだ、一枚ものの"粉もん"でした。醤油味で、ねぎやかつお節を振って食べたそうです。昭和30年代前半にも駄菓子屋で売られていました。

　「明石焼き」は兵庫県の明石の名物で、地元では「玉子焼き」と呼ばれます。卵を多く使い、浮き粉（沈粉（じんこ）。小麦粉のでんぷんを精製したもの）を使うやわらかい生地でたこを丸く包み、だし汁に浸して食べます。

　昭和8年にはすじ肉やこんにゃくや豆を入れて球形に焼く「ラヂオ焼き（またはラジューム焼き）」が売り出され、それが昭和10年には兵庫の明石焼きの影響を受け、たこを入れるようになったそうです。

　これらがたこ焼きのルーツだといわれており、地域や時代ごと、それぞれに親しまれてきた"粉もん"の具や形や味つけをミックスしながら、現在のたこ焼きが生まれてきたようです。

撮影／高木あつ子

〈大阪府〉

いか焼き

大阪では、正月や夏祭りともなれば、神社や寺の境内には「いか焼き」の屋台が並ぶのが定番でした。たこ焼きの屋台もありましたが、それよりも店の数は多かったように思われます。それだけ手軽な軽食だったのです。

大阪の三大夏祭りのひとつといわれる住吉大社の住吉祭では、境内に臨時に設営された会場で「木下サーカス」「オートバイ曲芸乗り」「見世物小屋」などが見物客でにぎわいました。いか焼きの屋台では焼きたてを二つ折りにして、経木に包んで渡してくれます。ソースの香りが漂うできたての熱々をほおばりながら境内を歩いたものです。歩きながら食べることが許された食べものであり場所でした。

材料は小麦粉に卵にいかと身近なものが三つあればよく、専用の鉄板さえあればコツもいらず、短時間で焼き上がります。家庭用にはさんでひっくり返すことができるいか焼き器も売られていて、たこ焼き器とともにそろえている家庭も珍しくありませんでした。

協力＝古谷泰啓・惇子、吉村育子、辻太郎
著作委員＝阪上愛子

撮影／高木あつ子

<材料> 2枚分

イカ（胴・下足）…100g
小麦粉（薄力粉）…大さじ5
卵…2個
酒…大さじ1
ウスターソース、トンカツソース、
　粉がつお…各適量
油…適量

<つくり方>

1 イカの胴体を1×3cm、下足を3cmほどに切り酒を振りかけ、小麦粉をまぶす。
2 いか焼き専用の鉄板を強火で熱し、開いて内側両面に油をひく。
3 中火にして、1の半分量を下側の鉄板の中央に円形に広げ、中央部に卵1個を割ってのせる。
4 鉄板を閉じて強くはさむ（写真①）。そのまま約2分焼く（写真②）。鉄板の上下を返し、弱火にしてさらに約2分焼く（写真③）。
5 皿にとり、好みのソースや粉がつおを適量かける。

◎いか焼き専用の鉄板がないときには、直径の異なるフライパンを2つ準備し、大きい方のフライパンに入れた材料に、十分加熱した小さい方のフライパン（鉄製がよい）の底を当てて押しながら焼くとよい。

①

②

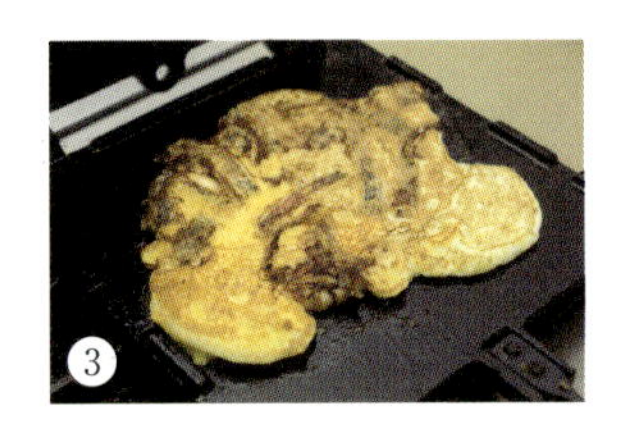

③

撮影／高木あつ子

＜材料＞5人分

小麦粉（薄力粉）…1カップ
水…1カップ
キャベツ…3～4枚
かつお粉（かつお節粉末）…大さじ5
天かす…大さじ5
油…大さじ5
お好み焼き用のソース…大さじ5

＜つくり方＞

1 小麦粉と水をボウルに入れ、粉がダマにならないように泡立て器でしっかり混ぜる。
2 キャベツはせん切りにする。
3 ホットプレートかフライパンを温めて薄く油をひく。1を玉じゃくしで1杯すくい、クレープ状に丸く薄くのばす。
4 表面が乾いたら、かつお粉大さじ1を生地全体に振る。キャベツ、天かすを順にのせる。
5 上にのせた野菜がやわらかくなったら、両手に持ったフライ返しで、手前に裏返して焼く。
6 再び裏返し、ソースを少しかけて半分に折る。
7 残りのソースを表面にかける。

◎もやしや、ねぎ、豚肉、卵などを入れてもよい。豚肉は野菜や天かすの上にのせる。卵はあらかじめフライパンに割り落として黄身をつぶし、5の段階のお好み焼きをのせる。裏返して卵の面を上にして、ソースをかけて半分に折る。野菜類は炒めてからのせてもよい。

〈広島県〉

お好み焼き（呉焼き）

戦前の呉では、店で「一銭洋食」、家庭で「お焼き」と呼んだおやつがありました。メリケン粉（小麦粉）の生地に、魚粉やかつお節、ねぎ、とろろこぶ、青のり、天かすをかけて焼き、二つ折りにして醤油をかけたそうです。昭和35～45年頃にはお好み焼きと呼ばれ、キャベツやもやし、肉、卵などが加わりソース味になりました。近年は呉焼きと呼ぶこともあります。

二つ折りにするのが特徴で、これは呉にあった海軍工廠（工場）で働く人が手早く食べられるように、また、小さな店の狭い鉄板でもたくさん焼いてつくりおきできるから、持ち帰りもしやすかったから、といわれています。呉の人が広島市で、お好み焼きが二つ折りでないのに驚いた、という話もあります。

かつては広甘藍という甘みが濃いキャベツが地域の特産でお好み焼きにも欠かせないものでしたが、虫がつきやすく栽培が難しいため昭和40年代にほぼ姿を消しました。近年になって復活の取り組みが始まっています。

協力＝谷脇けいこ、相原謙次、前田知佳、植野麻野　著作委員＝海切弘子

〈滋賀県〉

ふなやき

ふなやきは小麦粉を水で溶き、薄く焼いた素朴なおやつで「麩の焼き」ともいわれます。

平野部に水田の広がる東近江市は、昔から転作や裏作で小麦の栽培もさかんに行なわれてきました。農家が多く、子どもも大人も皆びっしり働いていたので、忙しい作業の合間に手軽につくれるふなやきはおやつにぴったり。さつまいもやとうもろこしなど季節のものがないときは、小昼に母親やおばあさんが鉄製の大きな「ほうらい（焙烙）」でよくつくったものでした。

かつては味噌や砂糖醤油を塗ったり、生地に黒砂糖を入れて焼いて食べていましたが、最近では黒砂糖を巻きこむ形が増えました。熱々のふなやきに黒砂糖をのせ、端からくるくる巻くと、しゃりしゃりとした黒砂糖ともちっとした生地の食感、熱でとろりと溶けた黒砂糖の蜜が楽しめます。若い世代にも不思議な懐かしさがあるようで、今も卵や牛乳などを加えて現代風にアレンジされながら食べ続けられています。

協力＝森井サワ子
著作委員＝中平真由巳

撮影／長野陽一

＜材料＞4人分（4枚）

小麦粉…100g
卵…大1/2個（30g）
水…160mℓ
塩…ひとつまみ
油…小さじ1
黒砂糖…20g

＜つくり方＞

1 小麦粉はふるう。
2 卵を溶きほぐして水を加えて混ぜ、塩も加えて混ぜる。
3 2に小麦粉を加え、泡立て器で混ぜる。
4 フライパンに薄く油をひき、生地の1/4を流し入れて薄く丸くのばし、弱火で焼く。
5 表面が乾いたら裏返し、両面がほんのりときつね色になるまで焼く。
6 まな板の上に広げ、砂糖の1/4を手前1/3ぐらいのところにすじ状において手前から巻く。

撮影／五十嵐公

＜材料＞ 10〜12枚分

小麦粉（薄力粉）…300g
ベーキングパウダー…9g（大さじ1）
砂糖…100g
塩…小さじ1弱（5g）
水…2カップ
卵…2個
油…少々
ジャム（いちご、いちじく、梅など）
…約150g

＜つくり方＞

1. 小麦粉とベーキングパウダーを合わせてふるう。
2. 卵は溶きほぐす。
3. 1に砂糖、塩、水、溶き卵を加えて、菜箸3〜4本で小麦粉が水となじんで粉っぽさがなくなり、なめらかな状態になるまで混ぜる。
4. フライパンを中火で熱して油をひき、生地を玉じゃくしで流して丸く直径15㎝ほどに広げる。表面に泡がぶつぶつ出て穴があいてきたら裏返し、きれいな焼き色になるまで焼く。ホットプレートを160℃に熱して焼いてもよい。
5. 焼き上がりをそのまま食べてもよいし、好みのジャムをのせ、巻いて食べてもよい。

しきしき
〈奈良県〉

葛城地域は都があった大和の中心地・奈良盆地の西南部に位置します。この地域を含む、奈良の平坦地では古くから水田裏作として、また減反の転作として小麦栽培がさかんでした。小麦は地元の粉ひきの業者にひいてもらい、粉は家庭に常備されていたのです。

しきしきは自家製の小麦でいつでも簡単にできるおやつの一つでした。小腹のすいたときはとてもおいしく、腹持ちもよいのです。普段は焼いたものをそのまま食べますが、6月だけは、えんどう味噌を仕込むためにやわらかく炊いたえんどうの一部を使ってあんをつくり、しきしきに塗って食べました。これは格別なおいしさです。フライパンを持つ家はまだ少なく、多くの家では、茶を焙じるほうらく（鋳物（いもの）の平鍋）で焼いたそうです。今は卵や牛乳を入れ、フライパンやホットプレートを使ってつくるようになりました。

名前の由来は、その昔宮中の式典で使ったからといわれていますが、定かではありません。都があった奈良らしい言い伝えです。

協力＝木村匡子　著作委員＝志垣瞳

〈奈良県〉

小麦もち

奈良県では昔から麦類の栽培がさかんで、米とともに基本食でした。小麦粉はだんごにしてかゆや汁の実、菓子やてんぷらの衣にと日常食に用いることが多いなかで、小麦もちは行事食として食べられるものです。

6月終わりから7月初旬にかけてのさなぶり（田植え終いを祝う日）や半夏生、夏祭りの頃は小麦の収穫が終わり、田植えも一段落するため、小麦もちをつくって農休みをします。さなぶりの頃につくれば「さなぶりもち」、半夏生の頃につくれば「はげっしょうもち」といわれます。小麦を半つぶしの扁平状にして使うのは珍しく、もちにすると口当たりが「さくい（粘らずに歯切れがよい）」といわれ、夏でも胃にもたれません。

こね鉢にとってぬれ布巾をかけておくと日持ちして3〜4日は食べられます。汗びっしょりで学校から帰ったときなど、こね鉢に顔を突っ込むとなんとなく冷たく、もちを取り出して食べたときのひんやり感は、冷蔵庫のない時代だけにたまらなかったそうです。

協力＝木村匡子　著作委員＝志垣瞳

撮影／五十嵐公

<材料> 70〜80個分

つぶし小麦*…2升
もち米…1升
きな粉…200g
砂糖…200g
塩…少々

*小麦を皮つき（玄麦）の状態で押しつぶしたもの。
◎一般的につぶし小麦ともち米は同量でつくられることが多いので、小麦は1升でもよい。

<つくり方>

1. つぶし小麦はさっと洗ってゴミを除き、ザルにあげる。
2. もち米は洗って一晩水につける。
3. 餅つき機に水けをきったもち米を入れて平らにならし、その上に1のつぶし小麦を広げて約40分蒸す（写真①）。
4. 餅つき機をつく機能に変えて約10分つく。もち米のなめらかな生地に、つぶし小麦のつぶつぶした食感が残るもちに仕上げる。ついている間はときどき木じゃくしをぬらしながら生地を真ん中に寄せるようにして、つぶし小麦がはみ出て飛び出さないように気をつける。
5. つきあがった小麦もちはこね鉢に移して（写真②）ぬれ布巾をかける。
6. 適当な大きさにちぎって丸める（写真③）。きな粉に砂糖と塩を混ぜて、まぶす（写真④）。

撮影／高木あつ子

<材料> 11×14×4cmの流し箱1個分

小麦粉（薄力粉）…90g
上新粉…10g
砂糖…80g
水…320g
小豆の甘納豆…80g

<つくり方>

1 甘納豆は分量外の水にしっとりするまで10分ほど浸し、水けをきっておく。
2 小麦粉、上新粉、砂糖を混ぜ、水を少量ずつ徐々に加えてよく混ぜる。
3 **2**の生地をつなぎ用に大さじ1程度の量を残して、流し箱に流し入れ、強火で15分蒸す。
4 甘納豆を**3**の表面に散らし、つなぎ用に残していた生地を流し入れ、さらに強火で15分蒸す。
5 流し箱からとり出し、三角に切り分ける。

◎電子レンジでつくる場合は、分量の生地を流したときに厚さが約2cmになる大きさの耐熱容器、または1ℓの牛乳パックを横にして上面を切って流し型に仕立てたものを用意する。つなぎ用の生地を大さじ2程度残し、ラップをかけ600Wで約7分加熱する。小豆が沈まない程度にやわらかく固まればよい。甘納豆を散らし、つなぎの生地を流し、ラップをかけ600Wで約2分30秒加熱してできあがり。

〈京都府〉水無月(みなづき)

もっちりとして上品な甘さの生地の上に煮小豆がのったお菓子です。三角に切った白い生地は暑気を払う氷をかたどっており、小豆には悪魔祓(ばら)いの意味があります。一年の折り返し点となる6月30日、半年間の罪や穢(けが)れをはらい、これから始まる暑い夏を健康に過ごし、残り半年の無病息災を願う行事である夏越祓(なごしのはらえ)に出されます。京都府南部で広く伝わり、今では6月に入るとあちこちで売り出され、夏の始まりを感じる風物詩として府下全域で親しまれています。

もともとは暑気払いのおまじないとして市民がいただくように、菓子屋の知恵でつくられたお菓子ですが、家庭でもつくられるようになりました。かつては小豆を煮るところから手づくりでしたが、現在では、小豆の甘納豆を使い手軽につくる方法も広まっています。小豆が沈まないように一度生地だけ蒸し、小豆をのせてつなぎの生地でくっつけて仕上げるのが美しくつくるコツです。

協力＝綴喜地方生活研究グループ連絡協議会
著作委員＝福田小百合、豊原容子、坂本裕子

〈徳島県〉

ほたようかん

小麦粉と黒砂糖を使った蒸し菓子です。切り口が「ほた（腐敗してスカスカの状態の木）」に似ており、ようかんのように黒っぽい色合いで切り分けて食べることから、この名前がついたといわれています。

稲作農家が多い勝浦町でも、自分たちが食べる分の小麦は育てていたので、米屋で粉にひいてもらって使っていました。上白糖だけでなく黒砂糖を使うのは、黒砂糖の方が安価で手に入りやすくコクがあったから。生地に溶けきらなかった黒砂糖のかたまりは、蒸すと溶けて穴ができます。この黒砂糖がしみこんだ穴の部分がとくに甘くておいしいのです。

シンプルな材料で簡単にでき、腹持ちもいいので、田植えや稲刈りなどの忙しい時期は一度にたくさんつくり、大きく切ったものをみんなで分けて食べていました。昔は初夏になると、早乙女さん（田植えに来た女性たち）があぜ道に腰かけてほたようかんをほおばる光景がよく見られたそうです。

協力＝新居和、北山明子、加々美清美
著作委員＝近藤美樹、長尾久美子

撮影／長野陽一

<材料> 直径30cmの丸い蒸し型1個分（1.5ℓ）

小麦粉…450g
重曹…小さじ2と1/2（7.5g）
黒砂糖（粉状）…450g
上白糖…150g
水…300mℓ
蒸し型（せいろやザル、ふるいにオーブン用シートやぬれ布巾を敷いたものでも可）

<つくり方>

1 小麦粉と重曹をよく混ぜてふるう。
2 ボウルに水と黒砂糖、上白糖を入れて完全に溶けるまで、泡立て器で混ぜ合わせる。
3 1を再度ふるいながら加え、粉のかたまりがなくなるまでしっかり手で混ぜ合わせる。
4 目の細かいザルでこして、だまをとり除く。
5 蒸し型に4を流しこむ。
6 蒸し器で40〜60分、強火で蒸す。弱火だと皮が厚くなりふんわり仕上がらない。竹串を刺してみて何もつかなければできあがり。

◎4の後にゆで小豆やレーズンなどを加えてもおいしい。

撮影／高木あつ子

<材料> 4人分

小麦粉（薄力粉）…400g
塩…小さじ1/6
水…240mℓ
【小豆あん】
小豆…250g
水…適量（豆の5〜6倍）
三温糖…250g
塩…小さじ1/4

<つくり方>

1 小豆あんをつくる（p4参照）。仕上げの際は、強火でしっかり混ぜ、マッシャーでつぶす。水分がほとんどなくなればできあがり。だんごにからませるためやわらかく仕上げる。
2 小麦粉と塩を合わせ、水で練り、耳たぶくらいのやわらかさの生地をつくる。ひと口大に丸めて、軽く中央を押さえる。
3 たっぷりの湯を沸かして、生地を入れて浮かび上がったらザルにとる。
4 水けをきり、熱いうちに1のあんをまぶす。あんは底の平らな鍋のようなものに入れるとまぶしやすい。

〈香川県〉

はげだんご

川の少ない香川県では、田んぼの水は重要です。水を引くタイミングで、地域によっては田植えの期間が決まっており、また「半夏までには田植えを終えなければ半夏半作になる」といわれ、皆遅れまいと精を出しました。田植えが終わった7月の半夏生の日は、半夏のはげ上がりで雨もあがるといわれ、その年の新小麦粉でつくっただんごを食べます。新しい粉でつくっただんごは香りもあり、光沢もあります。名前の由来は、半夏生に食べるから、また、つやのあるだんごにあんがまばらについているから、ともいわれています。あんは、ささげ、えんどう、そら豆などでもつくりました。

だんごは神仏に供え、家族でいただきます。米の粉のだんごは仏壇に、小麦粉のだんごは墓に供えました。小麦粉のだんごは粘りが少ないので、無縁仏にも分けやすいからです。当時はこのようにして、いただいたものを皆で分けるということを教わったそうです。

協力＝岩本仟子
著作委員＝加藤みゆき、村川みなみ

〈福岡県〉

みとりまんじゅう

ささげの一種のみとり豆をあんにしたまんじゅうです。みとり豆は大分県との県境に近い上毛町（こうげまち）で古くから大切につくり続けられている豆で、同じ豊前国（ぶぜんのくに）だった大分県宇佐市などでもつくられています。福岡県東部にある上毛町は山国川と山々が広がる豊かな町で、米と麦の二毛作がさかんに行なわれてきました。かつては小麦も家で粉にひき、「さなぼり」といって同じ地区の田植えが全部終了したら、一日農作業を休んで体を休め、6月にとれた小麦でこのまんじゅうをつくりました。

みとり豆は別名「夏小豆」といい、小豆と違って盆前に収穫できるため、今でもお盆には新豆でみとり赤飯を炊いて近所に配ったり、みとりまんじゅうを仏前に供えたりします。種はよそでは売っておらず、代々自分の家で採種したもので育てています。各家庭では翌年のため、乾燥させた種用の豆を厚めの布に包んで大事に保存するそうです。

協力＝萩原郁子
著作委員＝三成由美

撮影／長野陽一

＜材料＞ 12個分

小麦粉…150g
砂糖…100g
水…50mℓ
重曹、水…各小さじ1
みとり豆のあん…300g
- みとり豆…120g
- 砂糖…150g（豆の1.3倍）
- 水あめ…10g
- 塩…少々

みとり豆

①

＜つくり方＞

1 ボウルに砂糖と分量の水を入れて混ぜる。小麦粉、水で溶かした重曹を入れてこね、耳たぶくらいのかたさの生地をつくる。
2 手水をつけ、生地を12等分にして丸める。あんも12等分にして丸める。
3 丸めた生地の真ん中を押してくぼみをつくり、あんをのせる（写真①）。生地をとじて腰高に丸める。
4 蒸し器に入れて強火で12〜13分蒸す。時間がたってかたくなったら再度蒸す。

【あんのつくり方】

1 鍋に豆とひたひたの水を入れ、強火で3分ゆでて渋切りする。
2 鍋に1を戻し、豆の3倍量の水を入れ、弱火で豆の形をつぶさないように煮る。
3 豆がやわらかくなったら、砂糖を加えてやや強火で煮る。焦げないようにへらでかき混ぜ、途中、鍋の周りについた蜜を水で濡らしたはけで丁寧に落とす。
4 煮つまってきたら水あめを加えて煮溶かし、塩を加えて煮上げ、バットに広げて冷ます。

ごろし

〈福岡県〉

「ごろし」とはなんとも物騒な名前で、真っ白い小麦粉のだご（だんご）が黒砂糖の色で殺されるからそう呼ばれ、また、五郎次という人がつくり始めたという説もあります。こねた小麦粉をひも状にのばしてゆでて、きな粉や黒蜜をかけたおやつで、農繁期の休憩時には、ゆでたての熱々を食べる習慣がありました。県南部の筑後地方は肥沃な筑後平野を有し、古くから小麦の栽培がさかんなところです。地域でとれた地粉を利用し、うどんやだご汁（だんご汁）などをご飯が足りないときの補いとしてよくつくったものです。うどん粉とも呼ばれた地粉のグルテン量は中力粉に該当し、これらの料理をつくるのに向いていました。

つくり方は家々で異なり、のべ棒を使いきしめん様に包丁で切ることもあり、これは「切りごろし」といいます。残ったものは味噌汁に入れてだご汁として食べます。今は、ゆでうどんのように袋入りのごろしも販売されています。

協力＝古賀千浪
著作委員＝猪田和代、吉岡慶子

撮影／長野陽一

＜材料＞ 4人分

小麦粉…150g
塩…小さじ1/4（1.5g）
ぬるま湯…90mℓ
打ち粉（かたくり粉）…適量
- きな粉…大さじ3
- 砂糖…大さじ1
- 塩…少々（0.3g）

黒蜜
- 黒砂糖…大さじ2
- 湯…小さじ2

◎薄力粉を使うときは、よくこねてねかしを十分にするとやわらかく弾力のあるごろしになる。

①

②

＜つくり方＞

1 ボウルに小麦粉と塩を入れてよく混ぜ、ぬるま湯を少しずつ加え、耳たぶくらいのやわらかさになるまでよくこねる。
2 ひとまとめにして、かたくしぼったぬれ布巾またはラップをボウルにかけて1時間ほどねかせる。
3 打ち粉をふり、生地を4つに分けて丸める。棒状にのばし、ピンポン玉程度の大きさに切り分ける。
4 だんご状に丸め手のひらで軽くつぶし、両手でつまんで上下に波打たせるように動かしながらひも状にのばす（写真①、②）。ただ引っぱるだけでは、うまくのびない。
5 のばしたものを沸騰したたっぷりの湯でゆでる。浮き上がってきたら、もう一呼吸ゆで、ザルにあげて水けをきる。水にはとらない。
6 皿に盛り、きな粉、黒蜜をかけて食べる。黒蜜は材料を合わせとろみがつくまで煮つめる。黒蜜を使わず、きな粉と黒砂糖でもよい。

いきなりだんご

〈熊本県〉

熊本では粉を水で溶いたり練って加熱したものを〃だんご〃と呼びます。いきなりだんごは輪切りにしたさつまいもと小豆あんを小麦粉の生地で包んで蒸し上げたおやつ。塩味の生地がさつまいもとあんの素朴な甘さを引き立てます。

名前の由来は、いきなり（突然）来客があってもいきなり（すぐに）つくれるから、輪切りにした生のいもをいきなり（そのまま）包んで蒸してつくるからなど、さまざまな説があります。少ない材料で簡単につくれるので、昔から農繁期の小昼（こびる）（おやつ）として親しまれてきました。

水田が少なく畑作が主であった県北や天草地域では、米の代わりにさつまいもや小麦がよく使われていました。以前は砂糖が高級品だったので、日常的に食べられていたのは小豆あんが入らないだんごでしたが、さつまいもの甘みだけで十分おいしかったといいます。冬場はおやつとしてだけではなく、あんなしのだんごを味噌汁に入れて食べごたえのあるだんご汁にすることもありました。

著作委員＝秋吉澄子

<材料> 10個分

さつまいも…10cm長さ（直径5〜6cmのもの）
小麦粉…200g
白玉粉*…150g
塩…小さじ1/2
水…260mℓ
小豆あん…150g

*白玉粉を使うと、皮がやわらかくもちもちとした仕上がりになり、冷めてもかたくなりにくい。同量の小麦粉におきかえてもよい。

<つくり方>

1. さつまいもは1cm厚さの輪切りにする。皮をむいて包むときに生地がやぶれないよう面取りする。あんを10等分する。
2. ボウルに小麦粉、白玉粉、塩を入れ、水を少しずつ加えて耳たぶ程度のやわらかさになるまでよくこね、丸める。
3. ぬれ布巾をかけ、30分以上ねかせる。
4. **3**を手のひらで転がしながら棒状にのばし、包丁で10個に切り分ける。一つずつ麺棒や手で皮を薄くのばし、3mmほどの厚さにする。
5. **4**にいもをのせ、その上に小豆あんを置いて包む。
6. 蒸し器にぬれ布巾を敷き、**5**を並べ、強火で20分ほど蒸す。

◎一度にたくさん蒸すときは、1段並べただんごの上にハラン（葉の繊維に対して垂直に数カ所切れ目を入れておく）をかぶせ、その上にだんごを並べたり、1個ずつみょうがの葉で包むなどしてくっつかないようにして蒸す。

撮影／戸倉江里

撮影／戸倉江里

〈熊本県〉
豆だご

豆だごは、大豆を小麦粉の生地に混ぜこんで平たく丸い形にしてからゆでたもので、県下全域で食べられてきた小麦の〝だご〟の一種です。水田地帯であった県南でも、稲の裏作で小麦をつくり、それを農作業の合間の小昼のだごにしたり、ハレの日はひと手間加えてソーダまんじゅうにしたり、主食代わりにしたりして一年間食べつないでいました。

だごには、蒸す、ゆでる、焼く、さまざまな加熱方法があります。生地をゆでる豆だごは、大豆さえ煮ておけば短時間でつくれるおやつ。お祭りや農繁期など人が大勢集まるとき、一度にたくさんつくってみんなで食べていました。材料は小麦粉と塩、大豆のみで、噛むとぷちぷちとした食感が楽しく、豆の素朴な甘みを味わえます。時間がたってかたくなったものは、ストーブで両面を少し焼いて食べたり、汁に入れて食べていました。最近では、生地をやわらかくしたり甘みをつけるために白玉粉や砂糖を入れることもあります。

協力＝石田敏代、上村きみ子
著作委員＝川上育代

<材料> 12個分

大豆…60g（ゆで大豆の場合は150g）
小麦粉…大さじ2＋1と1/3カップ
砂糖…大さじ1
塩…小さじ1強
白玉粉…1カップ
水…130ml

<つくり方>

1 大豆は一晩水につけてから10分ほどゆでる。歯ごたえが残るくらいがよい。
2 大豆をザルにあげ、熱いうちに皮をとる。
3 大豆に小麦粉大さじ2をまぶす。生地全体に大豆が混ざりやすくなる。
4 小麦粉1と1/3カップ、砂糖、塩と**3**をボウルに入れて混ぜ合わせる。
5 白玉粉に水を加えて混ぜる。
6 **4**に**5**を少しずつ加えて耳たぶくらいのかたさにこねる。
7 1個50g程度になるように分けて丸めてから、平たくして形を整える。
8 たっぷりの湯でゆでる。浮き上がったら引きあげて水けをきる。すぐに食べない分は熱いうちにラップに包んでおくとよい。

〈大分県〉

やせうま

大分には、小麦粉の生地を練ってつくるさまざまな形の〝だんご〟があります。手で長細くのばしただんごにきな粉をまぶした「やせうま」は、お盆のお供えであり、夏の定番のおやつ。冬はきな粉をまぶさず具だくさんの汁に入れ、「だんご汁」にして食べます。このだんごは厚みがあり、みっちりとした歯ごたえが特徴。球状にするよりもゆで時間を短縮でき、きな粉や汁が絡まりやすくなるのです。

名前の由来は、平安時代に都落ちした貴族の幼君が乳母の八瀬（やせ）にもらったおやつを「八瀬、うまうま」といって食べたという話など諸説あります。県全域でつくられていますが、沿岸部ではきな粉に砂糖をたっぷり入れるのに対し、内陸は甘さ控えめで塩がきいているという違いが見られます。

お盆になると子どもたちは祖母や母と「やせうま」をつくります。生地を揺らしながら均一にのばすのは、はじめは難しいのですが、祖母の真似をするうちだんだん上手になり、面白くなるそうです。

協力＝宇都宮公子、吉良ヒサエ
著作委員＝宇都宮由佳

撮影／戸倉江里

＜材料＞4〜5人分

小麦粉…300g
塩…小さじ1
水…160mℓ
┌きな粉…80g
│砂糖…100g
└塩…小さじ1

＜つくり方＞

1 きな粉、砂糖、塩を混ぜ合わせる。
2 ボウルで小麦粉と塩を混ぜ合わせ、水を半量ずつ入れながらこねる。
3 耳たぶくらいのやわらかさになったら、親指くらいの大きさにちぎり、棒状に丸める。ぬれ布巾に並べ、上にもぬれ布巾をかけ、20分ほどねかせる。
4 大きめの鍋にたっぷりの湯を沸かす。3の生地の両端をつまみ、上下にゆらしながら長さ20〜30cm、幅2cm、厚さ3mm程度になるよう均一にのばして順々にゆでる。
5 浮き上がってきたら、一本ずつとり出し、ザルのふちにかけるように広げて冷ます。
6 表面が少し乾いたら1をまぶす。

◎水けの残った状態できな粉をまぶしてもしっとりして、またおいしい。

撮影／戸倉江里

〈大分県〉ゆでもち

竹田地方は周囲を九重山(くじゅうさん)や阿蘇外輪山に囲まれた寒冷な高原地帯で、米があまりとれなかったため、昔から小麦粉が主食やおやつによく使われていました。ゆでもちもそのうちのひとつ。地粉の生地に小豆あんやいもあんを入れ、直径15cmほどに薄く大きくのばしたものをたっぷりのお湯でゆでます。蒸すよりも短時間でつくれる上、皮が薄く火の通りも早くなるので、多忙な農繁期にも「こびれ（おやつ）」にささっとつくって食べていました。

一度ねかせた地粉の生地は、あんを包んでから丁寧にのばします。このとき皮が薄すぎるとゆでている間に破れてあんが湯の中に出てしまうので、きれいに大きくつくれるかどうかがお母さんたちの腕の見せ所でした。

ゆでたてのゆでもちは表面はぬるっとしており、生地はむちっとした歯ごたえがあります。1枚食べるとどっしりとお腹にたまるので、農作業の合間のこびれにはぴったりでした。

協力＝佐藤邦子、小沢スミエ、村田文江、堀田貴子　著作委員＝西澤千恵子

<材料>8枚分

地粉（中力粉）…200g
塩…小さじ1/2
ぬるま湯…120mℓ
小豆あん*…240g

*さつまいもあんでもよい。その場合はゆでたさつまいも230gをつぶし、砂糖70gを混ぜて加熱しながら練ったものを使う。

<つくり方>

1. 地粉と塩を混ぜ、ぬるま湯を加えて耳たぶくらいのかたさになるまでよくこねる。ぬれ布巾をかけて20分ねかせる。
2. 小豆あんを8等分して丸める。
3. 1を8等分し、手で生地を広げてのばし（写真①）、あんを入れて包む（写真②）。
4. 3を手のひらで押さえ、手や麺棒を使って直径15cmくらいの円形にのばす。
5. たっぷりの湯でゆでる。浮き上がってきたらすくい上げて、ぬれ布巾を敷いたザルにあげて水をきる。

◎すぐに食べないときは熱いうちにラップで包んでおくと皮がかたくならなくてよい。

時間がたってかたくなったときは、あぶるとおいしい

〈鹿児島県〉

ふくれがし

県内全域でつくられている黒糖を使った蒸し菓子で、薩摩川内地域では「ふくらかん」、奄美大島では「むっかん」といいます。昔は小麦粉が貴重で、田植えや稲刈り、夏祭り、棟上げなど人の集まるときにつくられました。大隅や南薩などでは節句や冠婚葬祭のときにもつくられたハレのお菓子でしたが、現在は日常的な郷土菓子の代表といえます。

かつては、小麦粉と同量の黒砂糖に、重曹と水でつくっていたので、重曹や水の分量でそれぞれの家庭の味が表れたり、ふくらまないこともありました。今は酢や牛乳、卵を加えることが多く、失敗なくふんわりした食感のものがつくられています。もち米粉を加えてもっちりとした食感にすることもあります。強火で蒸し上げないとうまくふくらまないので、昔は火力の出る樫などを薪に使ったそうです。麦味噌をつくるときに、麦を蒸すのと一緒にセイロを重ねてふくれがしも蒸したりしました。

協力＝須田アキ子　著作委員＝木下朋美

＜材料＞ 直径24cmのセイロ1個分

小麦粉（薄力粉）…300g
黒砂糖（粉末）…300g
重曹…大さじ1
牛乳…250mℓ
酢…25mℓ
卵…3個

＜つくり方＞

1 ボウルに小麦粉、黒砂糖の順にふるい入れ（写真①）、重曹も加えて均一になるよう混ぜる。
2 牛乳、酢、卵を加え（写真②）、泡立て器で全体を混ぜ合わせる（写真③）。すぐに気泡が発生してくる（写真④）。
3 セイロに水でぬらしてよくしぼった蒸し布を敷き、その上にオーブン用シートを敷く（写真⑤）。
4 2の生地を流し入れ（写真⑥）、強火で30分蒸す（写真⑦）。
5 竹串や菜箸を刺して蒸し具合を確認する（写真⑧）。生地がつかなければ、蒸し布ごととり出す（写⑨）。
6 周りのシートをはがして冷まし、8等分する（写真⑩）。

撮影／長野陽一

〈沖縄県〉

サーターアンダーギー

「サーターアンダーギー」は砂糖、「アンダーギー」は油で揚げるという意味で、砂糖てんぷらともいいます。外はサクっと、中はふんわり揚がった沖縄風のドーナツで、丸いタネを揚げると片側がきれいに笑って（割れて）、チューリップのようなかわいらしい見た目と素朴な味わいで親しまれています。揚げたてはサクサクですが、日がたつと油がまわって外側もしっとりしてきます。そちらの方が好きだという人もいて、好みはそれぞれです。砂糖を黒砂糖に替えたり、生地に落花生やごま、紅芋ペーストを入れたりと各家庭で自由にアレンジされています。

日常的なおやつですが、たくさんつくっておすそわけや贈答品に使うこともあり、祝いごと、とくに結納には欠かせない菓子でもあります。結納ではソフトボールほどもある大きなものが喜ばれ、「カタハランブー（白アンダーギー）」と呼ばれる塩味の小麦粉生地を揚げた菓子と一対にして出されます。

協力＝知花智草、松田トヨ
著作委員＝我那覇ゆりか、田原美和

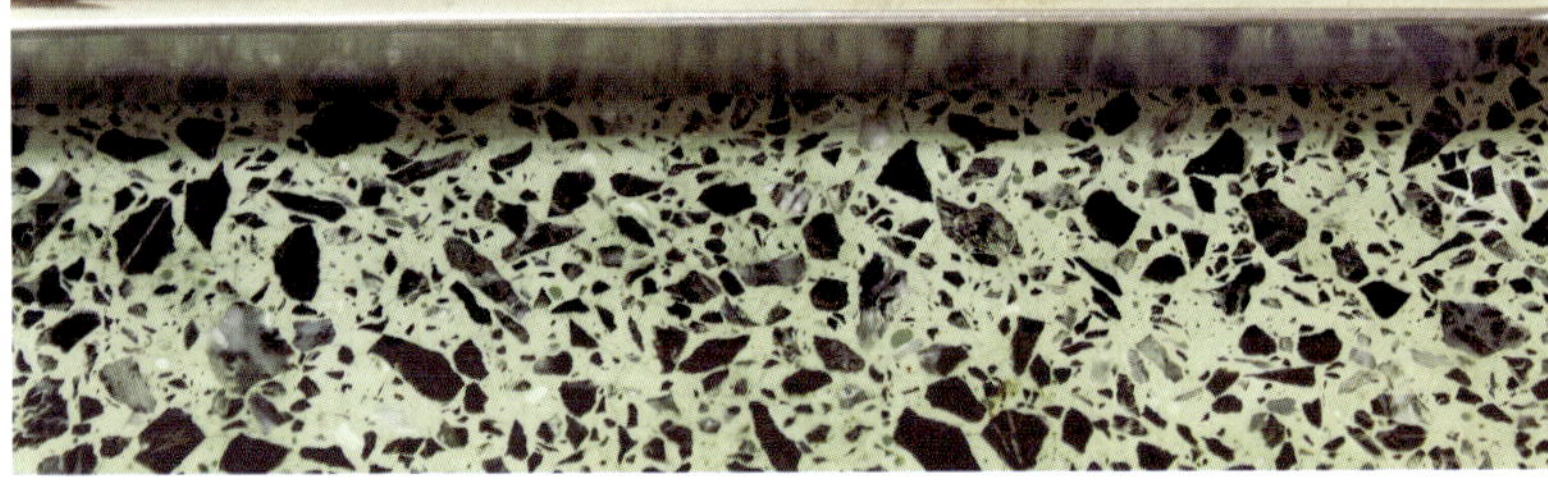

撮影／長野陽一

<材料> 8〜10個分

小麦粉（薄力粉）…300g
砂糖…150g
ベーキングパウダー…小さじ1
卵…2個
油…30mℓ
水…適量*
揚げ油…適量

*卵、油、水を合わせて約160mℓにする。

<つくり方>

1 粉類と砂糖を軽く混ぜる。
2 卵、油、水を合わせたものを1に加え、耳たぶくらいのやわらかさになるまで木べら等でよく混ぜる。
3 揚げ油を160℃に温めたら一度弱火にして、手水をして両手で丸めたタネを入れていく。入れ終わったら中火にして軽く混ぜる。
4 浮いてきたら弱火にして、自然に割れるのを待つ（写真①）。割れたら強火にし、全体的に濃い茶色にする。

◎油の中で自然に割れて回転できるように、揚げ鍋には詰めこみすぎない。

①

雑穀のおやつ

そば、とうもろこし、大麦などの粉でつくるおやつです。かつては米や小麦の栽培に向かない山間地の貴重な食糧でしたが、今では独特の風味を楽しむとともに、香ばしく焼いたりよく練ってなめらかにするなどの工夫や知恵を伝えるものとしてつくられています。

〈岩手県〉

うちわもち

まるでうちわのような大きなもちは、秋田県との県境にある県北、八幡平のもの。そば粉入りの生地を串に刺してから楕円形にのばし、ゆでます。じゅうね味噌をつけて焼くと、もちはやわらかく、焼けた味噌の香りが食欲をそそります。昔は武田信玄が使った軍扇(ぐんせん)を思わせるような大きく豪壮な串もちでしたが、現在は食べやすい手のひらサイズになりました。うじゃもち、串もち、お茶もちと呼ぶ地域もあり、県央や県南では米粉でつくり、小判大のもちを3個刺し、くるみ入りのたれをかけます。

昔は来客時には囲炉裏で焼きながら出したそうです。串はにおいのないアオノキ（アオギリ）でつくりました。食べ終わった串が囲炉裏に残っていると客は食べるのを遠慮するので、串はすぐに下げてたくさん食べてもらいました。うちわもちはのばしたり、串のままゆでたりと手間がかかるので、家族で食べるときは串に刺さずに丸くつくって、つくりおきのにんにく味噌やねぎ味噌で食べたそうです。

協力＝立花栄子
著作委員＝長坂慶子、岩本佳恵

＜材料＞5本分

そば粉…110g
もち米粉…110g
小麦粉（中力粉）…110g
熱湯…250mℓ（粉の乾燥具合で調整）
じゅうね味噌
- 黒えごま（じゅうね）…10g
- 味噌（辛口）60g
- 砂糖…20〜60g（味噌の塩分や好みで調節する）
- 醤油…適量

28×2.5cmの平串*…5本

*片方の先を細く1cm幅にする。幅の太い方に生地を刺し、細い方を囲炉裏に刺す。割り箸でもよい。

えごま（じゅうね）には黒と白があるが、黒の方が香りがよい。昔は「つぶあぶら」と呼んだ

＜つくり方＞

1. じゅうね味噌をつくる。えごまは乾炒りしてすり鉢で細かくする。味噌と砂糖を加えてよく混ぜ、滴り落ちる程度のかたさになるよう醤油でのばす。
2. ボウルにそば粉、もち米粉、小麦粉を入れて混ぜ、大さじ2杯分を打ち粉用にとり分ける。粉の真ん中にくぼみをつくり、熱湯を少しずつ注き、もち状になるよう手でこねながら、大きくしっとりとした生地にまとめる。
3. 生地を5等分し、打ち粉をした台の上で軽く俵形にしてから串に刺す（写真①）。串の先端が生地から出ないようにぎりぎりまで刺し、生地の根元をしっかり串につける。
4. 打ち粉を手につけ、手で押して平たくのばす（写真②）。縦11×横8×厚さ0.8cmぐらいで、串のある中央部は厚めに、端はやや薄めにする。片面だけではなく、両面を押して広げるようにして楕円にする。
5. 串まで入る大きな鍋に湯を沸かす。沸騰したところへ串ごと入れる。2〜3分ゆでて、浮き上がって生地の表面がふくらんできたらぬれ布巾の上にとり出す（写真③）。
6. 表面が乾いたら、じゅうね味噌を両面につけて焦げ目がつく程度に囲炉裏で焼く（写真④）。

◎大鍋や囲炉裏がない家庭では、小さくつくってオーブンやグリルで焼くとよい。

撮影／奥山淳志

〈長野県〉

そばだんご

標高900mの「日本のチロル」と呼ばれる遠山郷・下栗地区は、急傾斜が多い山間部で米の栽培が難しく、気候が冷涼なため、じゃがいもやそばが重要な作物でした。そばだんごは熱湯でこねたそば粉で輪切りにした塩さんまを包み、囲炉裏で焼いたおやきです。

かつては交通の便が悪く、流通する魚は塩物や干物がほとんどでした。静岡県の浜松から運ばれてきた塩さんまは、遠山郷に着く頃には身がくずれるような状態で、そのまま焼けば灰に身が落ちてしまうため、貴重な魚を丸ごと食べ切れるよう、そば粉の生地で包む方法が生まれました。

熱湯でこねた生地は糊化してほぼ火が通った状態で、この生地で包んで灰に埋めることで、中のさんまが蒸し焼きにされます。さんまのおいしさはすべて生地に閉じこめられ、炭火の遠赤外線の効果で身はふっくら煮えて、骨までやわらかくなるのです。さんまのうま味がそばの香ばしい生地にしみて独特の味わいがあります。

協力＝民宿みやした（野牧権）
著作委員＝中澤弥子

＜材料＞ 12〜15個分

そば粉…1kg
熱湯…2ℓ
塩サンマ…2〜3尾

＜つくり方＞

1 そば粉をこね鉢に入れ、熱湯を注ぎよくこねる。やわらかさはだんご状に丸められるくらい。
2 12〜15等分に丸める。
3 サンマの頭と尾を除き、骨も内臓もそのまま3〜5cmにぶつ切りにする。
4 2の生地で、サンマ1切れを包む（写真①）。
5 囲炉裏の、火がついている炭火の上に直接1分ほどのせて、表面を焼き固める（写真②）。
6 ひっくり返して裏面も同じように焼いた後、灰の中に埋めて30分ほど蒸し焼きにする。途中、熱がまんべんなく入るようひっくり返し、中までふっくらするように蒸し焼きにする。火箸で叩いて焼き加減を確認する。乾いた軽い音ならよい。
7 冷めると生地がかたく生臭くなるので熱いうちに食べる。好みで醤油をつける。

◎囲炉裏がない場合は1個ずつアルミホイルに包み、200〜250℃のオーブンで、サンマに火が通るまで蒸し焼きにする。焦げ目をつけたいときは、最後にアルミホイルをはずして、好みの焦げ色になるまで加熱する。

撮影／高木あつ子

右の山の斜面にあるのが下栗地区の集落

〈静岡県〉

とじくり

撮影／五十嵐公

＜材料＞ 24個分

大豆…1カップ
米…1カップ
水…5カップ
そば粉…1と1/2カップ
砂糖…1カップ
塩…小さじ1

＜つくり方＞

1 大豆は胴割れする程度に、米は香ばしく色づくまで、別々に丁寧に弱火で炒る。
2 鍋に炒った大豆と分量の水を入れて煮る。
3 炒り大豆がやわらかくなったら、炒った米を加えて煮る。
4 炒り米がやわらかくなったら、ふるったそば粉を加えて(写真①)、よく練る(写真②)。
5 砂糖、塩を加え、全体に味がなじむまでよく混ぜる。
6 粗熱がとれたら、手水を使いながら小さなだんごに丸める。

①

②

浜松市の最北部、長野県との県境に位置する山間部の水窪では、4月8日のお釈迦様の誕生を祝う灌仏会(花祭り)には、とじくりというだんごをつくり、甘茶と一緒に仏壇にお供えします。炒った大豆と米を煮てそば粉で固め、砂糖で味つけしたもので、別名「お釈迦様の頭」。昔は大豆をたくさん使い、ぶつぶつしたところがお釈迦様の頭によく似ていたからだそうです。やわらかく煮えた炒り大豆入りの甘いそばがきのようなもので、県内でもこの地区周辺だけに伝承されています。

水窪は町の9割以上を森林が占め、山作(作畑)と呼ばれる焼畑が伝統的に行なわれ、雑穀を中心とした食文化が発展してきました。山を焼いた後に最初につくる作物がそばで、水窪の食文化に現在もそばは欠かせません。このそば粉に貴重な米とたくさんとれる大豆を入れてつくるとじくりは、かつては大切なハレの日の食べものでした。現在もお年寄りのいる家庭ではおやつにつくられています。

協力＝石本静子、猪原寿美子
著作委員＝川上栄子

〈愛知県〉

けいもち

けいもちというと、そば粉を熱湯で練ったそばがきを指すこともありますが、県北東部、岐阜県や長野県に隣接している津具では、おかゆに、里芋とそば粉を入れてつくります。津具は愛知県の奥座敷と呼ばれ、標高1000m級の山々に囲まれた山深い地域です。水田が少なく米が貴重で、そばや里芋を足して米を食べつないできました。けいもちもそのひとつで、秋に里芋やそばがとれるとくず米を使ってつくりました。昔は七輪で焼いたそうで、大きめに丸めて焼くと、外側は香ばしく中はねっとりとして、焼きたては格別のおいしさです。

けいもちに使う里芋は、津具ではたついもと呼ばれる茎の赤い赤芽系のいもで、いもも、たつ(ずいき)もおいしい、地域に伝わる品種です。1株で多くの子いもができるので、収穫の季節にはけいもちをたくさんつくって近所にもおすそわけするそうです。この他、いもは煮物にしたりゆでて味噌をつけたり、干したたつはさっとゆでて酢の物などに利用します。

協力=村松力夫・秀子、佐々木あい子、竹内弘明　著作委員=野田雅子

撮影／五十嵐公

<材料> 10個分

米…1.5合
水…3〜4.5合(米の2〜3倍)
里芋…4個(200g)
そば粉…200〜250g
塩…適量
醤油、しょうが…各適量

<つくり方>

1 里芋の皮をむいて細かいさいの目に切り、やわらかくなるまでゆでて、水をきる。
2 大きい鍋に米と分量の水を入れて煮て、おかゆをつくる。
3 1の里芋を入れ、へらでつぶしながら煮る。
4 そば粉と塩を入れ、かき回して練る。そば粉は全量を一度に入れず、だんご状にまとまるように、かたさを調整しながら加える。
5 火から下ろし、熱いうちに手に水をつけて丸める。真ん中を少しへこませる。そば粉を敷いたバットに並べ、周りにもそば粉(分量外)をまぶす(写真①)。
6 弱火のフライパンで焼き目がつくまでゆっくり焼き、しょうが醤油で食べる。豆味噌、砂糖、みりんを弱火で練った味噌だれでもよい。

撮影／高木あつ子

<材料> 10個分

とうもろこしの粉…1.5カップ
白玉粉…1カップ
湯（約70℃）…1カップ
小豆あん…200g

<つくり方>

1 こね鉢に粉類を入れて混ぜ、湯を加減しながら入れて混ぜ、全体をひとかたまりにまとめる。
2 こね鉢の中で1をなめらかになるまで、10分ほどよくこねる。
3 あんは10等分にして丸める。
4 2の生地を10等分にして、3のあんを包んで丸め、だんごに成形する。
5 蒸し器に、3cm角のオーブン用シートにのせただんごを入れ、強火で約12分蒸す。蒸す代わりに8〜10分ゆでてもよい。好みで表面を焼いてもおいしい。

生地は濃いきれいな黄色になる

甲州もろこしとその粉。スイートコーンとは違う硬粒種で、完熟した実を乾燥させて粉にひく

〈山梨県〉

もろこしだんご

山中湖村のある富士北麓は周囲を山で囲まれ、ほとんどが富士山の火山堆積物の砂や石、粘土の互層地層のため、稲作に向かない土地です。そこで雑穀、豆類、芋類が栽培され、わけても、とうもろこしは長らく主食として食べられてきました。とうもろこしは甘さのない甲州もろこしという在来品種で、粉にひいて湯で練った生地を焼いたりゆでたりして使ったのです。

昔は馬での荷運びを生業（なりわい）にしている家が多く、家の中や庭に馬屋がありました。家の者が集まる板の間には囲炉裏（ヒジロ）があり、そこで煮炊きしたのです。朝はとうもろこし粉をだんごにして灰の中に入れて焼いた「灰もぐり」にして食べました。その後、だんごにあんを入れたり、黒蜜やきな粉をかけたりとおやつ（ようじゃ）にも食べられるようになったのです。ここで紹介しただんごは昔のものと違い、とうもろこし独特のざらつきを白玉粉と合わせたことでなめらかな口当たりにし、それでいて米のもちのようなベタつき感はなく歯切れがよいのが特徴です。

協力＝羽田正江　著作委員＝阿部芳子

〈香川県〉

おちらし

おちらしははったい粉ともいい、裸麦や大麦を炒って粉にしたもので、香ばしく、粉のままでも食べられます。粉になると散らばるところからおちらし、また、臼でついて粉にすることをはたくということからはったい粉という名がついたといわれています。

昔は、裸麦ができると炒って石臼でひいてふるい、そこに砂糖を混ぜて粉のまま食べました。素朴ですが、当時はとてもおいしかったそうです。おちらしは熱湯を加えて混ぜることもあれば、よく練って棒状にしたものを切り、きな粉をまぶしてげんこつあめ（おちらしあめ）にすることもありました。

おちらしは県全域で食べられてきましたが、さとうきび産地だった東讃地域では自宅で砂糖をしぼっていたので、げんこつあめには白砂糖ではなく、和三盆をつくる過程でできる茶褐色の「ごみ砂糖（白下糖）」を使うことが多かったそうです。今ではバターや牛乳を加え、キャラメルのような食感で子どもに喜ばれるおやつになっています。

協力＝鈴木タカ子
著作委員＝次田一代、渡辺ひろ美

撮影／高木あつ子

◎げんこつあめ

＜材料＞20個分

おちらし（はったい粉）…140g
きな粉…40g
スキムミルク…大さじ2（12g）
白ごま…大さじ2（12g）
バター…20g
水あめ…300g
砂糖…70g
牛乳…大さじ2

＜つくり方＞

1 ごまは炒って切りごまにし、おちらし、きな粉、スキムミルクを加えてよく混ぜる。
2 鍋にバター、水あめ、砂糖を入れ沸騰してきたら牛乳と1を混ぜる。
3 2を4等分にした後、棒状にのばし、冷めてから包丁でひと口大に切る。

おちらしは、はったい粉、麦こがし、香煎とも呼ばれる

練って食べる場合は、おちらし大さじ2、砂糖小さじ1に熱湯大さじ2を加えて混ぜ、そのままスプーンなどで食べる

おやつになる粉いろいろ

粉に水分を加えてこねることで粘りや弾力が出て
さまざまな素材と混ざってなじみます。
粒のままでも食べられる穀物や豆ですが、
粉にすることで利用の幅がさらに広がります。

もち米の粉

写真は、洗ったもち米を水に浸し、水を加えながらひき、沈殿物を乾燥させた**白玉粉**。昔は寒中に水にさらしたことから寒ざらし粉ともいう。粒子が細かく、でんぷんを中心にとり出したものなので、だんごにするとのびてなめらかな食感になる。うるち米の粉と同様に洗ったもち米をひいて乾燥させたのが**もち米粉**で、もち粉とも呼ばれる。白玉粉より粒子が大きい。

小麦の粉

写真は粒がやわらかい軟質小麦がおもな原料の**薄力粉**。たんぱく質含量が7～8.5%と小麦粉の中で一番少ない。粘らずさっくりした食感を求めるクッキーなどに使われる。**中力粉**はたんぱく質がやや多い中間質小麦がおもな原料。たんぱく質含量は8～10%で薄力と強力の間。弾力とやわらかさを求める麺やまんじゅうに使われる。うどん粉、地粉とも呼ばれ、国産小麦の粉はおもに中力粉に分類される。

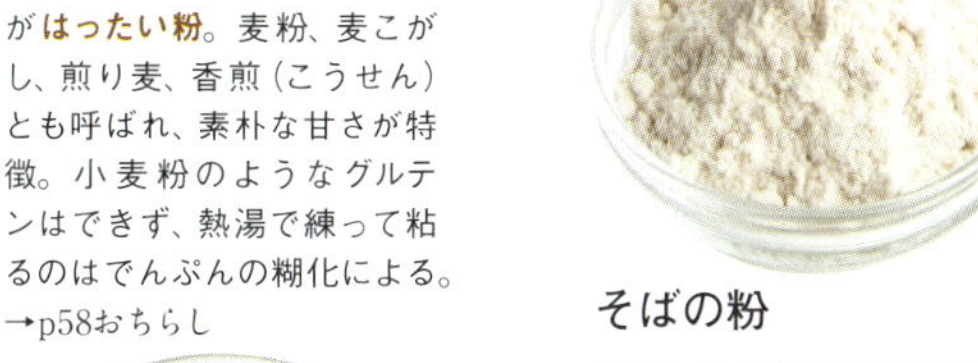

うるち米の粉

うるち米の粉を新粉といい、さらに細かくしたものが**上新粉**。洗った米をひいて乾燥させる。だんごにするともち米の粉よりかたく歯切れがよい。うるち米ともち米の粉のブレンドが**だんご粉**。もち米だけよりコシが強い。

大麦・裸麦の粉

大麦や裸麦を炒ってひいた粉が**はったい粉**。麦粉、麦こがし、煎り麦、香煎（こうせん）とも呼ばれ、素朴な甘さが特徴。小麦粉のようなグルテンはできず、熱湯で練って粘るのはでんぷんの糊化による。→p58おちらし

そばの粉

乾燥したそばの実を製粉しふるい分けて一番粉、二番粉、三番粉などに分ける。熱湯を加えて混ぜることででんぷんが糊化し粘性が引き出され、さまざまに成形できる。→p52うちわもち、54そばだんご、55とじくり、56けいもち

大豆の粉

大豆を炒ってひいたものが**きな粉**。香ばしくほのかな甘さがある。もちにまぶしたり、あめでかためたりする。→p38小麦もち、43ごろし、46やせうま、58おちらし、68甘々棒、88いもねり、89けんかもち

とうもろこしの粉

フリントコーンと呼ばれる硬粒種の完熟してかたくなった実を乾燥させてひいたもの。山間地で栽培されている。スイートコーンと違い甘みは少ないが、でんぷんが豊富で、だんごや雑炊などに使う。→p57もろこしだんご

さつまいもの粉

いもを生のまま薄切りにし乾燥させて粉にしたもので、**いも粉**、**かんころ粉**と呼ばれる。加熱していないので酵素が生きており、その作用で水を加えてだんごにすると黒っぽくなる。→p91竹の皮だんご、97かんころもち

さつまいもの粉

せんだんご、**せん**と呼ばれ、長崎県の対馬でつくられている。いもを小さく砕き、浸漬・発酵・乾燥を繰り返し、だんごにし乾燥させてとり出したでんぷん。水を加えて加熱するとツルツルした独特の食感になる。→p95せんちまき

じゃがいもの粉

かたくり粉はじゃがいもをすりおろしてふるい分け、でんぷん乳を精製し、脱水乾燥させてつくるでんぷん。水を加えて加熱すると粘りが出て糊化する。北海道が主産地。→p76いもだんご、77ジャージャー焼き

写真／五十嵐公

豆のおやつ

炒った大豆のコリコリ感、緑や黒といった色の鮮やかさ、加工品である豆腐やきな粉。大豆はさまざまに姿を変えて、おかずだけでなくおやつにもなります。小豆は粉にしたり、もやしでおなじみの緑豆はぜんざいにしたりと、個性的な豆のおやつも登場します。

〈岩手県〉

豆すっとぎ

米粉にゆでて砕いた青平豆（青大豆）や黒豆を加えた風味豊かなおやつです。すっとぎ（しとぎ）は、うるち米に水を含ませてからついた粉（生粉）を水でこねてつくる神饌（供物）で、火を使いません。葛巻町などの県北では、すっとぎにゆでた大豆を加えた豆すっとぎが、12月12日の山の神様の日に供えものとしてつくられてきました。

葛巻町は北上山地の高冷地にあり、水田は少なく畑作が中心でした。寒さの厳しい土地柄ですが、畑ではそばや大豆、自給のための野菜がつくられ、大豆は保存食として、また貴重な冬のたんぱく質源として豆腐や凍り豆腐、納豆、味噌などにして広く利用されてきました。在来の大豆も多く、青平豆や黒豆もそのひとつです。

豆すっとぎは加熱せずに食べるもので、生の米粉の独特の食感に大豆のつぶつぶ感が加わり、しっとり、ずっしりした特徴的な味わいをしています。腹持ちもよく、山の神の行事が廃れた現在も冬のおやつとして食べられています。

協力＝高家章子
著作委員＝魚住恵、松本絵美

撮影／奥山淳志

<材料> 20cm長さ2本分

青平豆*…280g
だんご粉（もち米とうるち米を配合した粉）…140g
砂糖…100g
塩…5g

*青大豆の一種。平たくて薄い在来種で、甘みとうま味があり、大豆特有の青くささがない。黒豆でつくってもよい。

青平豆

<つくり方>

1 大豆は水に一晩浸して戻す。
2 水をきった豆を沸騰した湯で色よくゆでる。指で軽く押してつぶれるようになったらザルにあげる。ゆですぎるとよい風味が失われるので、ゆですぎない。
3 熱いうちに少しずつフードプロセッサーにかける。つぶつぶが残る程度にとどめ、細かくしすぎない。
4 大きいボウルにだんご粉、砂糖、塩を合わせる。3の豆を冷めないうちに加え、均一になるように混ぜてから、キュッキュッと音がするくらいまでよくこねる。
5 まな板の上にとり出し、高さ2〜3cm、幅4〜5cmの棒状にまとめる。1.5〜2cmの厚さに切り、空気にふれて乾かないようにすぐに全体をラップで包む。傷みやすいのですぐに冷蔵して3日ほどで食べきるか、冷凍保存する。

◎豆を熱いうちに混ぜることで、砂糖が溶けて、だんご粉に熱が伝わり、豆の粘りも手伝って水分を加えなくてもしっかりまとまる。

〈青森県〉

豆しとぎ

「しとぎ」とは、水につけた生米をついて粉にしてかためたもののことをいい、神様へのお供えものという意味もあります。ゆでて砕いた大豆と砂糖を一緒に混ぜたものが豆しとぎです。生の米粉が入っているので独特の食感があります。きれいな緑色の青大豆は風味豊かで、焼いて食べるとまた香ばしく、栄養的にもすぐれています。

県南地方は夏でも涼しく、米がとれにくい地域だったため、米のくずを臼でついて粉にして、豆しとぎにしました。地元では、豆しとぎ用の濃い緑色の青大豆を栽培している家もありますが、使う大豆は家ごとにいろいろで、市販されている青大豆でも十分おいしくできます。豆がとれる秋から冬にかけて日常的に食べたいときにつくりますが、つくったら必ず神様にもお供えします。日持ちはしないので、できたらその日に食べ切ります。地元では昔から生のまま食べたり、香ばしく焼いて食べたりしています。

協力＝甲地よしゑ、土橋幸枝
著作委員＝真野由紀子

<材料> 300gのかまぼこ形×2本分

もち米粉…125g
うるち米粉…125g
砂糖…100g
塩…5g
青豆*…125g
ぬるま湯…90mℓ＋100mℓ

*きなこ豆とも呼ばれる小粒の青大豆

<つくり方>

1 一晩水に浸した豆（写真①）を、たっぷりの沸騰した湯に入れ、再度沸騰したら2～3分ゆでて、ザルにあげ、粗熱をとる。
2 1を2等分にし、フードプロセッサーにかけて半量を粗めに、半量を細かく粉砕する（写真②：左が粗め、右が細かめ）。
3 こね鉢か大きなボウルにうるち米粉、もち米粉、塩を入れて手で混ぜ合わせ、2の豆、砂糖を加え、全体をほぐし混ぜる（写真③）。
4 ぬるま湯を90mℓ入れて混ぜ、しとらせて少しおき、水分を全体にいきわたらせる。
5 4にぬるま湯100mℓを少しずつ入れ（写真④）、こねる（写真⑤）。耳たぶくらいのやわらかさに仕上がるよう、ぬるま湯の量は加減する。
6 生地を2等分にし、空気を抜きながら、かまぼこ状に成形する（写真⑥）。
7 これを1cm幅に切って、手で形を整えて凹凸をなくす。
8 油をひかずにフライパンを熱し、7を並べ、蓋をして中火で焼く。焼き色がついたら裏返し、両面焼く。

①

②

③

④

⑤

⑥

撮影／五十嵐公

〈青森県〉

豆こごり

こごりとは〝かたまり〟や〝集まり〟という意味で、豆こごりはその名の通り、細かく砕いたもち米で大豆を固めてつくる津軽地方のおやつです。もち米をたっぷり使うのは、稲作のさかんな津軽ならでは。もっちりしたもちに入った大豆は香ばしく歯ごたえがあり、噛みしめるごとにうま味が感じられます。

豆を炒ったり、もち米を細かくひいて練ったりと、豆こごりをつくるには手間も時間もかかります。今はミキサーで米をひきますが、昔はすり鉢を使っていました。こうしたことから、米を収穫し終えた後、農閑期となる冬場につくることが多かったそうです。

型に入れたもちは、以前は冷蔵庫ではなく、台所や倉庫などにおき、冬の寒さを利用して冷やし固めていました。上手に固めるためには、もち米の粒子の細かさやもちを練るときの火加減、砂糖を入れるタイミングを見極める必要があり、熟練の技がいります。こうしてできた豆こごりを食べるのは、冬の楽しみのひとつでした。

協力＝舘田初子
著作委員＝澤田千晴

<材料> 14cm×11cmの流し箱1箱分

黒豆…60g
大豆…90g
もち米…185g
水…200mℓ
砂糖…75g
塩…小さじ1弱（5g）

<つくり方>

1 もち米は洗って一晩水につけてから水きりする。
2 フライパンを弱火にかけ、大豆と黒豆を香ばしいにおいがするまでそれぞれしっかり炒る。十分に炒らないと豆特有の臭みが出る。
3 **2**が冷めたら黒豆と大豆それぞれを15分ほど水に浸し、ザルにあげて一晩おく。
4 **1**と分量の水を合わせ、2回に分けて細かい粒が残るくらいまでミキサーにかける（写真①）。
5 大きい鍋に**4**を入れて中火にかけ、2～3分へらでかきまぜる。弱火にして20～25分へらをなべ底に当てながら全体をかき混ぜ続ける（写真②）。焦げやすいので火加減に注意する。
6 味見してみて粉っぽさがなくなり、透明がかってきたら（写真③）、砂糖と塩を入れてよく混ぜる。
7 **3**を入れて、さらにかき混ぜる（写真④）。
8 流し箱やバットにラップを敷き、**7**を流し入れる。水をつけた手で押しながら空気を抜いて形を整える（写真⑤）。
9 冷蔵庫に入れて冷やし固める。固まったらとり出して切り分ける。

撮影／五十嵐公

〈秋田県〉

小豆でっち

県の東南端、奥羽山脈に沿って岩手県や宮城県と接する東成瀬村に昔から伝わるお菓子です。見た目はようかんに似ていますが、もち米とあんが混ざったもので、食べると味はおはぎそのもの。秋田の代表的なお米スイーツのひとつです。近隣の横手市滝ノ下集落にも似たお菓子があり「滝ノ下でっち」として受け継がれています。

「でっち」と呼ぶのは小豆ともち米をつき混ぜるときに粘って「でっち、でっち」と音がするからだといわれており、西日本に見られる丁稚(でっち)ようかんとの関係はあまりないようです。

昔は祝いごとや農繁期の後などによくつくられていました。彼岸などの供え物とする家庭もあるようですが、今ではお茶うけやおやつとして気軽に食べられています。つくり方は簡単で、砂糖をたくさん使うためにかたくなりにくいので、たっぷりつくって重箱などに詰めて持ち寄ることもしばしばです。好みでクルミや栗をのせたりして、家ごとの味を楽しんでいます。

協力＝なるせ加工研究会(代表　谷藤トモ子)
著作委員＝熊谷昌則

撮影／高木あつ子

<材料> 約50個分(1個およそ5×2×3cmとして)

- 小豆…3合(450g)
- 水…1ℓ＋200mℓ
- 砂糖…150g
- ザラメ…250g
- 塩…15g

- もち米…3合(450g)
- 水…450mℓ

<つくり方>

1. 小豆を1ℓの水で煮る。煮立ったら差し水200mℓを加え、指でつぶして粒が残る程度のやわらかさになるまで30〜50分コトコト煮る。アクが出たらとり除く。ゆでこぼしはしなくてよい。
2. 1に砂糖、ザラメ、塩を加え、焦がさないように混ぜながら、汁がわずかに残る程度まで煮る。
3. 一晩水(分量外)につけて水きりしたもち米に、水を450mℓ加えて炊飯器で炊く。
4. 2と3をボウルにとり、へらで練るようにして混ぜ合わせ、すりこ木などでぺたぺたとつき混ぜる。よく混ざったら、ラップを敷いたバットなどの容器に入れ、ラップをかけ、その上から空のバットなどでしっかり押して固める。
5. 冷えて切りやすいかたさになってから切る。包丁は1回ごとにぬれ布巾でふいて切るとよい。

撮影 / 高木あつ子

〈秋田県〉

豆腐カステラ

豆腐カステラは、水をしぼってすりつぶした豆腐に砂糖、卵、かたくり粉を混ぜて焼いた甘くやわらかい食感の菓子です。豆腐を菓子として食べるのは珍しく、県南では冠婚葬祭に欠かせないものでしたが、今はお茶うけとしても食べられています。大曲仙北地域の豆腐巻き（豆腐かまぼこ）と材料がほぼ同じで、油をひいて焼いたものが豆腐カステラ、巻きすに巻いて蒸したものを豆腐巻きといいます。大曲では魚のすり身を入れたものもありますが、ここでは魚が入らないレシピを紹介しました。

県南は裕福な地主が多く、冠婚葬祭に金をかける習慣があり、砂糖が貴重だった江戸時代末期でも、砂糖をふんだんに使う豆腐カステラがつくられていました。祝いごとには「町料理人」と呼ばれる地域の料理上手な女性を集めて料理をつくらせたのです。豆腐カステラもそんなハレの日の料理の一つでした。現在でもこの地域の茶碗蒸しは甘く、納豆にも醤油のほかに砂糖を入れる習慣があり、甘い味の料理がよく見られます。

著作委員＝山田節子

<材料> 4×6cm 12個分

豆腐…600g
砂糖…80g
卵…1個
塩…小さじ1/2
かたくり粉…大さじ1
油…適量

<つくり方>

1. 豆腐を湯通しする。
2. さらしで少し水分が残る程度にしぼる。
3. 油以外の材料をフードプロセッサーに入れて、なめらかになるまで攪拌する。
4. フライパンに油を熱し、生地を流して蓋をして弱火で15分焼く。
5. 裏返してさらに20分焼く。とり出して食べやすい大きさに切り分ける。

大曲仙北地域の豆腐巻きも豆腐を使った甘い菓子。切り口に模様が出るよう着色し、ハレの日に食べる

〈岐阜県〉甘々棒

きな粉を黒砂糖と水あめで練りかためた素朴なお菓子です。ねっとりとして噛み切るのは難しいですが、ゆっくりとなめていると自然にやわらかくなり、きな粉の風味とやさしい甘さが口の中に広がります。切り口がつぶれずにきれいに丸い断面になるのが美しい甘々棒です。

戦国時代から江戸時代の中期にかけて飛騨高山を治めた金森氏は、茶人として有名な金森宗和を出すなど、高山に茶の湯を根づかせました。また寒冷地の作物として大豆を奨励し暮らしを豊かにしたため、領民に慕われました。こもで巻いた豆腐をゆでた「こも豆腐」は重要なたんぱく質源でごちそうでした。さらに、きな粉を使ったこの甘々棒のように、おやつにも大豆が活用されたのです。甘々棒とともに「飛騨駄菓子」と呼ばれるものにげんこつ（やわらかいきな粉飴）やこくせん（炒りごまときな粉）、三嶋豆（炒り豆の砂糖がけ）などがありますが、いずれも大豆やきな粉が使われています。

協力＝神出加代子
著作委員＝堀光代

撮影／長野陽一

飛騨駄菓子。左上＝げんこつ、右上＝こくせん、下＝三嶋豆

<材料> つくりやすい分量*

きな粉…300g
打ち粉用きな粉…100g
水あめ…250g
黒砂糖（粉末）…200g
水…大さじ4

*初めてで加減をつかみたい場合、または少しだけつくりたい場合は半量でもよい。

<つくり方>

1 きな粉はボウルに入れる。水あめは湯煎してやわらかくする。
2 鍋に黒砂糖と分量の水を入れて中火で煮溶かし、1の水あめを加え木しゃもじで軽く混ぜる。大きな泡が立ち、少し粘りが出てきたら火を止める。
3 きな粉が入ったボウルに2を一気に加え、手早く木しゃもじでかき回し、少しさめたら、手でたたみこむようにこねる。
4 3がまとまったら、打ち粉用きな粉をふったまな板にのせ、よくこねる。
5 全体がまとまったら扱いやすい大きさに切り分けて、それぞれを直径1cm程度の太さにのばす。その後、4cm程度の長さに切ってできあがり。

◎切る際には包丁に力を入れず、2〜3回押し引きを繰り返すと、断面が丸く仕上がる。

◎本来、日持ちする菓子なので、時間がたってもおいしいが、できたてはきな粉の風味がより香ばしく感じられる。

撮影／五十嵐公

＜材料＞

【小豆粉】
小豆…300g

【小豆たてこ】
小豆粉…大さじ1
砂糖…大さじ1
熱湯…カップ1/2〜3/4

＜つくり方＞

1 小豆を、弱火で焦げないように常に手で混ぜながら、小豆の香りが立ち、胴割れし、噛むとカリッと割れるまで40分ほど炒る（写真①）。
2 熱いうちにミルサーやミキサーで粉状にする。この粉が小豆粉（写真②）。粉はまとめてつくり、粉の状態で保存する。
3 器に小豆粉と砂糖を入れ、お湯を注いでスプーンで混ぜる。

◎お湯の量は好みでよく、さらっとしたおしるこ状にしても、ポトポトするまでかいて、そばがきのようにしてもよい。かためにつくり、こしあんの代わりにもできる。

①

②

〈静岡県〉小豆たてこ

小豆の粉（小豆粉(あずきこ)）を熱湯で練ったもので、砂糖が入っているのでおしるこのような味わいです。粉を熱湯で練ったものを「たてこ」といい、そばがきは「そばたてこ」。浜松市最北部の水窪(みさくぼ)は平地の少ない山深いところで、麦、あわ、きび、そばなどの雑穀を主食とし、雑穀を粉にして食べる文化がありました。小豆たてこは炒った小豆を粉にしてつくります。かつてはどこの家にも石臼があり、水窪の食生活には欠かせない道具でした。

小豆は手で混ぜられるぐらいの低温の弱火で時間をかけて炒ります。小豆の香りが立ち、噛むとカリッと割れるぐらいになれば完成。小豆はしっかり炒らないと粉にしにくく、小豆を混ぜる手の感覚を頼りに仕上げたのです。

粉にするのに時間も手間もかかり、貴重な砂糖も使うので小豆たてこは特別なお菓子とされてきました。小豆粉は栄養があるのでおくすり粉とも呼ばれ、風邪予防に、妊婦や授乳婦が栄養をとるために食べられてきたものです。

協力＝石本静子、猪原寿美子
著作委員＝川上栄子

〈岡山県〉ぶんずぜんざい

「ぶんず」は緑豆(りょくとう)のことで、広島県と接する笠岡市あたりでの呼び名です。小豆のぜんざいよりもあっさりとして食べやすく、昔はご飯の補いとしても食べたそうです。

瀬戸内海に面して段々畑が続く大島東地域では、傾斜地の流出を防ぐ、雑草を抑える、土地を豊かにするなどの理由でぶんずがつくられてきました。ぶんずの収穫は夏から秋の初めまでと長く、朝露がついている早朝に作業しないと、さやがはじけて豆が散ってしまうので手のかかる「婆ごろし」といわれたそうです。一方で、熱さましや化膿止めなどの薬効があると重宝され、また豆の味がよく砂糖が少なくてもおいしいともいわれました。

うどんやそうめんにこの甘いあん汁をかけた「にゅうめん」も食べられていました。また、かつてはぶんずで粥やうどんもつくられました。粥は小豆より香りがよいとされ、ぶんずの粉と小麦粉、卵白を練ったうどんは小麦粉だけでつくるより喉越しと香りがよいとされたそうです。

協力＝浅野ツヤ子、大島章子、大島和恵
著作委員＝藤井久美子

撮影／長野陽一

<材料> 4人分

- ぶんず（緑豆・乾燥）…40g
- 水…4カップ
- 砂糖…大さじ4
- 塩…少々

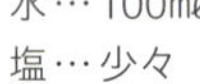

- 白玉粉またはだんご粉…100g
- 水…100mℓ
- 塩…少々

ぶんず（緑豆）

<つくり方>

1 ぶんずを洗い、1時間ほど水（分量外）につけておく。
2 水ごと10分ほどゆでてザルにあげる。
3 水4カップとともに中火にかけ、花が咲いたように皮が開くまで約30分煮たら砂糖と塩を加える。
4 白玉粉に水と塩を入れて耳たぶくらいのやわらかさになるまで練り、1人分3〜5個に丸める。
5 **3**に**4**を入れて加熱を続け、だんごが浮き上がればできあがり。

撮影／長野陽一

＜材料＞約20枚分

大豆…50g
小麦粉（米粉でもよい）…100g
砂糖…30g
水…150mℓ
油…小さじ1

◎蒸かしたかぼちゃや黒砂糖を生地に練り込んでもよい。

＜つくり方＞

1 大豆をフライパンに入れ、弱火で炒る。少し焦げ目がつき、香ばしいにおいがしてきたら火を止める。
2 ボウルに小麦粉と砂糖、水を入れて菜箸で混ぜ、1を加えてさらに混ぜる。
3 油をひいたフライパン（ホットプレートでも可）を中火にかけ、直径5〜6cmほどの丸になるよう生地を落とし入れる。両面をじっくり焼き、焼き目がついたら火を止める。

幸福豆（こふくまめ）〈滋賀県〉

耕地面積の9割が水田となっていた湖北地方では、以前はどの家でも田んぼのあぜに大豆を植えていました。晩秋に収穫した豆の大半はみそつき（味噌づくり）に使い、残りは一升瓶に保存して煮豆やきな粉など、さまざまに利用します。

炒った豆と米粉や小麦粉でつくる幸福豆もその一つ。寒かったり雨降りなどの日は、鉄の炒り鍋で保存しておいた豆を一度にたくさん炒っておき、幸福豆をつくりました。昔は生地にくず米の粉を使っていましたが、アメリカからの配給が始まるとメリケン粉（小麦粉）も使うようになりました。

やわらかくほんのり甘い生地と香ばしい豆は組み合わせがよく、噛めば噛むほど豆の味がしみだしてきます。甘いおやつのない時代、幸福豆は子どもだけでなく大人にも喜ばれるおやつでした。

毎日忙しく働いている母親が子どもたちに幸福豆をつくるのは少し余裕のできたとき。そうした「幸福」な時間に食べられるおやつなので、この名前がついたそうです。

協力＝三田弘子
著作委員＝中平真由巳

〈静岡県〉

味つけがんも

県東部でも富士市や富士宮市周辺だけに伝わる、甘く味のついたがんもどきです。昔から葬儀や法事の席には欠かせず、地元の人は子どもの頃から親しんできました。今では日常的に、豆腐屋やスーパーで買って子どもの弁当に入れたり、おやつにしたりもします。外側はカラメル色で香ばしく、中はしっとりなめらか、揚げたてはふわっとしています。100年以上前に寺が豆腐屋に、檀家のもてなしの精進料理に砂糖入りのがんもどきをつくらせたのが始まりだということです。そのため昔から豆腐屋がつくるものでした。

昭和40年代、富士市内には40〜50軒の豆腐屋があり、どの店でも味つけがんもをつくっていました。葬儀や法事で持ち帰る折詰には、蓋からはみ出るほど大きな味つけがんもが必ず入っていて、切って家族で食べたそうです。今もお盆やお彼岸のお供えには欠かせず、子どもや孫もこれを楽しみに帰省するのだとか。お土産にもたくさん持ち帰るそうです。

協力＝金沢豆腐店、富士市保健医療課食育推進室　著作委員＝市川陽子

撮影／五十嵐公

昔は花びらが5枚の梅の花形だったが、現在は4枚や丸い形もある

豆腐屋では低温の油と高温の油の2つのフライヤーを使って色よく揚げる

とくにお盆やお彼岸には市内各地から多くの人が買いに来る

<つくり方>

豆腐2丁を60%ぐらいの重さになるまでしぼり、細かく切ったにんじん60g、黒ごまと白ごま各小さじ1、砂糖（しぼった豆腐の10〜15%）、塩（しぼった豆腐の0.7%）を加えて、なめらかな粘土状になるまでよく練る。4等分して厚さ3cmの花形や丸形にし、110〜120℃の油でふくらむまで揚げたら、一度とり出す。170〜180℃の油で二度揚げし、表面をカリッと濃いめの揚げ色に仕上げる。

いものおやつ

じゃがいもは調理方法を変えることで多様な食感が生まれます。里芋は特有のねっとりした歯ごたえを生かします。さつまいもは干しいもや粉に加工し、そこからさまざまなおやつができ、貴重な甘みでした。どのいもも、小いもやくずいもまでおいしく食べました。

〈北海道〉

どったらもち

北海道には特産のじゃがいもを使ったおやつが多くあります。道南の松前町では、冷めたじゃがいもでつくる、もったりした粘りのあるどったらもちが食べられてきました。寛政10（1798）年に蝦夷地に「馬鈴薯」が移入されたという記録が松前藩に残っており、松前地方は古くからじゃがいもを栽培してきた地域です。普段のおやつによく食べられ、母親が、漁を終えて帰宅する家族のために、冷めた塩ゆでいもの残りを使って、子どもたちとつくったものでした。器に盛るのも待ちきれず、すり鉢から直接スプーンですくってみんなで食べたといいます。

この料理は熱いじゃがいもではできません。冷めたじゃがいもをすりつぶすことで、いもの中のでんぷんを貯めている細胞が壊れ、糊化したでんぷんが出てきて、粘りのある食感になります。どったらもちは、そうしたいもの調理特性を生かした料理で、日常からいもを食べてきた人々の食材を工夫する知恵がうかがえます。

協力＝秋本コウ、石山直子、阪本信、松谷和子　著作委員＝伊木亜子、畑井朝子

<材料> 4人分

じゃがいも…中4個（400g）
黒蜜
- 黒砂糖…55g
- 水…大さじ2

<つくり方>

1. じゃがいもの皮をむき4等分にしてやわらかくなるまでゆでて、ザルにあげて冷ます。
2. 1をすり鉢に入れ、すりこ木でつぶす（写真①）。
3. いものかたまりがなくなったら、すり始める（写真②）。だんだんもっちりしてくる（写真③）。粘りが出てキチッキチッと音がするまですり続ける。いもがクリームのようになめらかになり、すくい上げるともったりとして、もちのように粘りが出ればよい（写真④）。
4. 黒蜜の材料を鍋に入れて弱火にかけ、黒砂糖が溶けてとろみがつくまで煮つめる。冷めたら容器に移す。
5. 皿に黒蜜をとり、もちをつけながら食べる。麺つゆをつけてもよい。

①

②

③

④

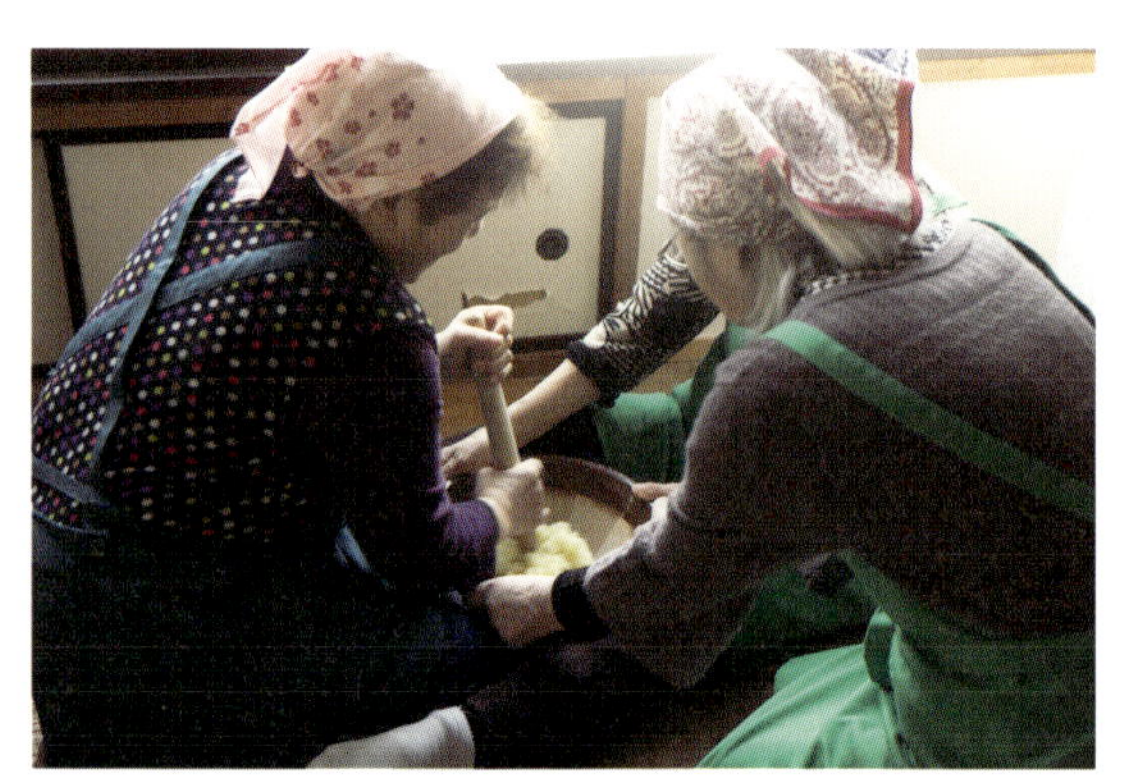

じゃがいもを粘るまでするのは、とても力がいる。すり鉢は動かないように太ももの間にはさむとよい

撮影／高木あつ子

〈北海道〉
いもだんご

ゆでてつぶしたじゃがいもに、かたくり粉を加えて焼いたもので、いももちと呼ぶ地域もあります。なめらかに練り上げた生地をこんがりと焼き、甘辛だれをかけることで子どもからお年寄りまで好まれ、道全域でつくられています。

東部に広がる十勝平野は、じゃがいも・小麦・豆類・ビートなどを中心とする大規模畑作・酪農地帯です。いもの生産量も多く、豊かな土壌をもち、日照時間が長く、昼夜の温度差が大きいなど、ホクホクとしたおいしいいもができる自然条件に恵まれています。じゃがいもは長期保存しても品質が安定しており、季節を問わず利用できます。野菜不足となりがちな冬場のビタミンCの供給源にもなり、とくに冬の長い北海道では栄養的価値が高い食べものです。

帯広市でうかがった話では、昔は母親がおやつや昼食代わりにつくってくれたそうです。今は地元産のチーズを包んだ「チーズ入りいもだんご」もよくつくられ、チーズの濃厚なうま味とボリュームで若い人に喜ばれています。

協力＝村田ナホ　著作委員＝村上知子

撮影／高木あつ子

＜材料＞ 4人分

じゃがいも…正味600g
かたくり粉…100g
油（またはバター）…大さじ2
たれ
- 水…1/2カップ
- 砂糖…大さじ2
- 醤油…大さじ1
- みりん…大さじ1/2
- かたくり粉…小さじ1

＜つくり方＞

1. じゃがいもは皮をむき、適当な大きさに切ってゆでて熱いうちにつぶす。
2. 粗熱をとってからかたくり粉を加え、粉っぽさがなくなるまでよく混ぜる。熱いうちに入れるとダマになるので注意する。
3. 1人分2〜3個になるように8〜12等分し、1.5cm厚さの楕円状に形を整える。
4. フライパンに油を熱し、両面を色よく焼き上げる。
5. たれの材料を鍋に入れ、かき混ぜながら火にかける。とろみがついたら、だんごにからめる。

◎目分量でつくるときは、つぶしたじゃがいもを鍋の中で4等分し、そのひとつ分のかたくり粉を入れるとよい。

◎揚げたりゆでて、汁ものの具やおしるこのもち代わりにも利用できる。棒状にまとめてから切って丸めると、だんごの大きさがそろう。

◎いもだんごは成形した状態で、冷凍保存できる。

撮影／高木あつ子

〈北海道〉

ジャージャー焼き

甘い煮豆と馬鈴薯でんぷん（かたくり粉）でつくる素朴なおやつです。加熱したでんぷんがもちもちした食感で、でんぷんだんご、豆だんご、ばたばた焼きと呼ぶ地域もあります。じゃがいもの産地である北海道はでんぷん工場が多く、馬鈴薯でんぷんを5～10kgの大袋で常備する家庭も多くありました。でんぷんはいもだんごをつくったり、残った魚をすり身にして合わせてかまぼこにしたりと、いろいろな料理に使ったのです。

昔は市販のお菓子は高価で種類も少なかったので、食事で余った煮豆と家にあったでんぷんを混ぜて、石炭ストーブの上で焼いたジャージャー焼きをおやつにしました。ストーブにのせたときにするジャーという音が、名前の由来といわれています。焼き始めると、茶の間は甘いにおいがして、焼きたてはなんともいえないおいしさです。家庭によってつくり方は違い、かためめの生地をストーブの上に直接のせて焼く家もあれば、ゆるめの生地を油をひいたフライパンで大きく焼く家もありました。

協力＝山崎世千子　著作委員＝田中ゆかり

＜材料＞ 8枚分（直径8cm大）

馬鈴薯でんぷん（かたくり粉）…300g
煮豆の煮汁（なければぬるま湯）…50〜100mℓ
熱湯…200〜300mℓ
油…大さじ1
煮豆（金時豆など）…200g

＜つくり方＞

1. 馬鈴薯でんぷんをボウルに入れ、煮豆を入れる。
2. 煮豆の煮汁を入れ、菜箸かへらで全体をまんべんなく混ぜ合わせる。
3. 半透明のぽたっとしたかたさになるよう、熱湯を加えてさらに練り上げる（写真①）。
4. フライパンに油を熱し、3をスプーンで落として広げる。弱めの中火で生地が透明になるまで片面約3分ずつ焼く。冷めるとかたくなるので熱いうちに食べる。

◎でんぷんを水で溶くとさらさらし、熱湯で溶くと糊化して透明になり、それ以上水が入らない。そのため、一度煮汁かぬるま湯で練ってから熱湯を少しずつ加えて半透明の生地に仕上げる。

①

〈青森県〉

いももちのじゅねあえ

下北半島は、ヤマセ（夏に東北地方に吹く冷たい風）が吹きつける寒冷な地域で、厳しい気候に耐えるじゃがいもや雑穀を使った料理がたくさんあります。いももちのじゅねあえもこうした気候から生まれたおやつで、じゃがいもを加工した「かんなかけいも」の粉でもちをつくり、じゅね（えごま）と味噌の甘いたれで和えます。くずいもを「いもかんな」と呼ばれる専用のかんなで薄く削り、それを水の入った樽の中で何度ももんで、アクを除き、乾燥させるとかんなかけいもができます。普段は凶作に備えて保存していましたが、娘が結婚して家を離れるときには、飢えることがないようにと嫁ぎ先に持たせることもありました。

最近はかんなかけいもをつくる人が減り、手に入りにくくなりましたが、昔は田植えや人寄せになると家々でいももちをつくっていました。コクのあるたれと素朴な味のもちは相性がよく、つるつるした舌触りが好まれています。

協力＝相馬かづ　著作委員＝下山春香

撮影／五十嵐公

＜材料＞直径6cm×長さ35cmの円柱1本分

かんなかけいも*の粉…500g
熱湯…200mℓ
ぬるま湯…200〜260mℓ
塩…ひとつまみ
じゅね（えごま）…200g
砂糖…90g
味噌…大さじ2弱（30g）

*かんなかけいも。つくる過程でいものはな（でんぷん）が一部分離される。食物繊維やミネラルが豊富

＜つくり方＞

1 じゅねをフライパンや厚手の鍋で炒る。熱いうちにトレーなどに広げ、その上に升や板などを押し当てながら転がして殻をはずす。手ですくって上から落としながらうちわであおぎ（写真①）、軽い殻だけを飛ばす。
2 1をすり鉢に入れてする。砂糖と味噌を加えてよくすり、じゅね味噌をつくる。
3 かんなかけいもの粉に塩と熱湯を加えて菜箸でかき混ぜ、すばやく手でまとめる。
4 まとまり具合を見ながら、ぬるま湯を少しずつ加えて手でこねる。耳たぶ程度のかたさになればよい。
5 まな板の上で4の生地を直径6cm、長さ35cmの楕円の円柱にまとめる。5mm幅にスライスする。
6 沸騰した湯に5を1枚ずつ入れる。上に浮いて少ししたらひきあげて軽く水けをきる。
7 6を2に入れて和える。

◎いももちは、ごま和えやおしるこ、汁にいれて食べることもある。
◎じゅね味噌は、そば粉を水で練ってゆでた「そばもち」に和えてもおいしい。

①

撮影／五十嵐公

<材料> 12枚分

さつまいも…750g（3本）

<つくり方>

1 さつまいもは皮つきのまま、やわらかくなるまで蒸す。
2 皮を熱いうちにむく。アクのある部分をとり除くため皮は厚くむき、芋の両端もアクが残るため厚めに切る。
3 縦に1cm幅に切る。いもがやわらかいうちに、繊維に沿ってピアノ線または釣り糸（絹糸でも可）を使うときれいにカットできる。
4 ザルに重ならないように並べる。風通しのよいところで、1週間天日に干す。ザルからはがれるようになったら、裏返して両面を干す。

（詳細はp98参照）

〈茨城県〉
干しいも

干しいもは、県全域で年代を問わず食べられる冬のおやつです。明治時代に静岡から干しいもの製法が導入され、ひたちなか市那珂湊地区のせんべい屋がせんべいを干す設備で初めてつくりました。その後、水産加工業者が干物の設備で製造し始め、市内の勝田地区北部でさつまいもの作付面積が広がり、製造の中心となりました。その後、昭和初年の大干ばつで陸稲が壊滅的打撃を受けてから、多くの農家がつくるようになりました。商品になるのはいもの真ん中の両面カットしたもので、両端の切り落としは「せっこう」といい、ぼてふりさん（振り売り）などにより安く売られたようです。

冬の朝、農家の庭先ではいもを蒸す蒸気が高く上がり、平切りや丸干しのいもがザルに干されているのを見かけました。今は業者による大量製造、貯蔵技術の進歩で一年中買えますが、地元ではその年のいもでつくったできたてが好まれ、今も農家は親せきへのおすそ分け、自宅用に手づくりします。

協力＝ひたちなか市食生活改善推進員連絡協議会　著作委員＝渡辺敦子

〈栃木県〉

いっそもち

県の北西部、日光地域の山間部である川俣(かわまた)の郷土料理です。「いっそ」とは混じりけのない純粋なものを指し、じゃがいもだけでつくったもちを「いっそもち」といいました。じゃがいもにそば粉や小麦粉を加えてつくるもちもありますが、その場合にはそばもちなどと呼び、区別していました。

日常のおやつとしても、また事日(ことび)や来客のもてなし料理としても出していました。できたての温かいうちがおいしく、冷めるとおいしくないので囲炉裏で焼いて食べたりしたそうです。

川俣は山間部で米がとれず、いも類、とくにじゃがいもが重要な食糧でした。ところが昭和41年にダムが建設され、農地はダムの底に沈みました。また工事中に温泉が湧き出し、川俣は温泉地となりました。それまでの自給自足的な農業はなくなり、食生活も大きく変わり、今ではいっそもちの味を知っている人は高齢の方ばかりですが、シンプルで味わい深く、家庭でつくってほしい料理です。

協力＝山崎敬子
著作委員＝名倉秀子、藤田睦

撮影／五十嵐公

＜材料＞ 4人分

じゃがいも…500g
じゅうねだれ
- じゅうね（えごま）…50g
- 砂糖…40g
- 塩…少々
- 熱湯…大さじ4

＜つくり方＞

1. じゅうねだれをつくる。じゅうねをフライパンで弱火で煎り、その後、すり鉢で熱湯を2〜3回に分けて加えながらする。砂糖と塩を加えて混ぜる。
2. じゃがいもは、竹串がすっと通るくらいまで蒸して、皮をむく。
3. 熱いじゃがいもをすり鉢に入れ、粘りが出るまですりこ木でつき、手で好みの大きさの小判形にまとめる。
4. 3が温かいうちに、じゅうねだれをかける。

◎冷めたら、フライパンなどで焼き色がつくくらい温めるとよい。

撮影／高木あつ子

〈千葉県〉いももち

里芋に米粉を混ぜてこねた生地はもちもちとしながら歯切れもよく、お年寄りでも食べやすくなります。里芋の素朴な甘さがあり、パリッと香ばしい焼き目をつけるとメリハリがつきます。おやつにはみたらしあんを絡めてもおいしく、ご飯のおかずとしては甘味噌をつけることも。米粉でなく残りご飯をつぶして混ぜる「いももち」も食べられています。

千葉県は全国一の里芋の産地です。大きな里芋の葉がいっぱいの畑は、小学校の通学路にもある見慣れた風景でした。里芋は秋に収穫すると、しもげないように（霜にやられないように）畑に掘ったいも穴に保存します。こぶしの花が咲き始める春までいも出しをして食べました。中でも土垂（どだれ）という品種は子いもと孫いもを食べ、親いもは捨てられますが、その親いもとくず米をひいた米粉でいももちをつくり、日常のおやつとしました。また、どんどっぴ（どんど焼き）の日には必ず食べていました。棒の先にこのいももちを丸めてつけ、直火で焼いて食べたそうです。

協力＝鬼原一雄　著作委員＝中路和子

<材料> 2〜3人分

里芋…正味300g
米粉…60g
しょうが、醤油…各適量

<つくり方>

1 里芋をよく洗い、皮をむき、1cmほどの厚さの輪切りにする。
2 約10分、竹串が通るまで蒸す。
3 すり鉢に移し、熱いうちに米粉を混ぜ、すりこ木でつぶしてこねる。
4 卵大か、少し大きいくらいにまとめて再度蒸す。
5 再びすり鉢でつぶし、こねて、厚さ1cm弱の丸形にまとめる。手を濡らすとまとめやすい。
6 フライパンで両面を焼き、軽く焦げ目をつける。しょうが醤油やおろし醤油で食べる。

〈埼玉県〉

さつまいもの茶巾しぼり

武蔵野台地の北端になる川越地域は、江戸時代からのさつまいもの産地です。川越は新河岸川（しんがしがわ）から荒川を通じる江戸への舟運があり、米や農作物などの物資が運ばれました。寛政期の江戸の町に焼きいも屋ができてさつまいもの需要が増えると、近郊の農家は出荷用として栽培するようになりました。川越は重いいもも輸送する手段があり、また水はけのよい土地でいもの栽培に適していたため、特産地となったのです。

城下町の川越は寺院や料理屋、商家も多くありました。商家は商いをしていたので、食材の入手にはあまり苦労しておらず、新しい料理も積極的に取り入れていたようです。さつまいもはそのまま蒸かしたり、焼いたりして子どもや家人のおやつとして食べられていたようですが、少し手間のかかるおやつとしてまた、茶道の稽古のお菓子として茶巾しぼりをつくることもありました。材料はシンプルですが、甘納豆やレーズンなどを加えたりしてもおいしく、工夫次第でもてなしのお菓子にもなる昔からのおやつです。

協力＝宮岡元子
著作委員＝松田康子

撮影／長野陽一

<材料> 4個分

さつまいも（金時など）…1本（正味200g）
牛乳…大さじ2
砂糖（いもの10〜15%）…大さじ2強〜3強

<つくり方>

1. さつまいもは厚さ2〜3cmの輪切りにして、皮を厚くむいて水にさらしてアクを抜く。
2. さつまいもをゆでるか蒸して、加熱する。
3. 竹串がスッと入るくらいにやわらかくなったら、熱いうちに裏ごす。
4. 鍋に牛乳、砂糖と**3**のいもを入れて、さっと加熱して混ぜ合わせる。パサついているようならしっとりするまで牛乳（分量外）を加える。
5. 粗熱がとれたら、ラップかぬれ布巾で茶巾にしぼる。

◎茶巾とは、茶道で使う茶器をふく布のことで、料理の仕上がりが、茶巾でしぼるか包んだ形に似ていることからついた名である。

<材料> つくりやすい分量

さつまいも…3本（800g）
砂糖…200g
塩…少々

稲わら

<つくり方>

1 さつまいもは皮つきのまま約1cmの厚さに輪切りにして、中央に菜箸か口金で穴をあける。
2 稲わらは二つに折り、さつまいも同士が重ならないように互い違いに通して結わえて、熱湯で5分くらいゆでる。
3 風通しのよい軒先に約2週間つるして、カラカラになるまで乾かす（写真①）。乾燥したら、缶などに入れて保存する。
4 食べるときは、わらをはずし水に一晩つけてやわらかくなるまでゆでる。水をきり、砂糖と塩を加えて汁けがほとんどなくなるまで煮つめる。

①

撮影／高木あつ子

〈山梨県〉 いものこ

いものこは、輪切りのさつまいもに穴をあけ、稲わらで編んでからゆでて乾燥させたもので、切り干しいもと違う珍しい加工方法です。乾くと白くなるので白干しとも呼ばれます。県最南部の南部町は温暖多雨で農林業がさかんな地域です。野菜は山や畑に掘った穴（むろ）などに保存しました。いものこは寒く晴れの日が続く12月頃、風通しのよい場所に干して保存食としました。昔は、どの家でも2階につるしていたものです。

秋に収穫したいもを使い、冬につくって保存して春に食べるもので、5月の茶摘み頃になるとお姑さんがわらからはずして、水に浸けて戻し、砂糖をかけて煮たそうです。昔の農家は1日4回食だったので、いものこはようじゃ（おやつ）として食べられたり、あんこのようにして、お茶うけにしたりすることもありました。粉にして水を加えて練ってから小判形に成形して蒸かすこともあり、できあがりは黒くなりますが、この場合、砂糖を使わなくても甘くておいしいのです。

協力＝佐野さとえ、遠藤静枝、佐野孝子、樋口美津留　著作委員＝柘植光代

〈静岡県〉
切り干しいも

県西部の海岸沿い、遠州灘に面する磐田市から御前崎市にかけては、昔から甘くおいしいさつまいもがとれるところで、切り干しいもは江戸時代にこの遠州地方から始まりました。いもは掘り上げてすぐよりも保存することで甘さが増すので、干しいもをつくるのは12月になってからです。ちょうどこの頃から遠州特有の乾燥した強い北西風「からっ風」が吹き、その風と太陽の恩恵を受け、甘さが濃縮された干しいもができます。

よく干してかたくなったいもには白く甘い粉がふいてきます。これはいもの糖分が浮き出てきたもので、甘みをより強く感じます。少しあぶればやわらかくなって香ばしさも加わります。

産地では北風が吹く中、風が吹きぬける場所に長い棚をつくってずらりといもを干すのが冬の風物詩です。昔はどの家でも自家用分は手づくりしたそうです。いもを蒸していると甘い汁がたまって黄色の水あめのようになり、それをなめるのが子どもたちの楽しみでした。

協力＝澤入夕香　著作委員＝神谷紀代美

左から時計回りに角切り、スライス、丸干し

撮影／五十嵐公

<材料>

さつまいも…適量

<つくり方>

1. さつまいもは1〜2時間、ゆっくり時間をかけて蒸す（いもの質や量によって変わる）。
2. いもが熱いうちに皮をむき、冷めてからスライスする。熱いうちに切るとくずれやすい。丈夫な糸で切るか、ピアノ線を張った台の上から押しつけてスライスする（写真①）。厚さは、3〜4日干してしっかり乾燥させたいときは2㎝ほど、1日程度でやわらかく仕上げる場合は7〜8㎜。大きいいもは角切り、細く小さいいもは丸干しにしてもよい。
3. 大きなザルに重ならないようにして、風通しのよいところに干す。強く冷たく乾燥した風が吹きぬけるところだと、よく乾いて3〜4日で粉がふく。

よもぎ飯
〈山口県〉

よもぎが入ったさつまいものペーストとでもいいたい料理です。少しねっとりした食感で、きんとんのようでもあります。さつまいもの甘さとよもぎの風味が広がり、なんともいえないおいしさです。

瀬戸内海に浮かぶ祝島（いわいしま）で伝えられてきました。祝島は海産物の宝庫であり、農業ではびわやみかんの栽培がさかんです。よもぎもたくさんとれて、よもぎのようかんやまんじゅうも特産のひとつです。

よもぎ飯は米を使わないのに「飯」というのが面白いですが、ご飯として食べていたわけではありません。かつて米が十分になかった際、お茶のときなどに腹持ちのよい間食として食べていたものです。今でも、春になると食べたくなって、年に1〜2回はつくるという家が多いようです。

つなぎで入れる粉が小麦粉だけだと、時間がたつとかたくなるので、最近ではだんご粉を加える人もいるようです。旧正月の残りのもちを水もちにして一緒に入れる場合もあるそうです。

協力＝山本文子
著作委員＝園田純子

撮影／高木あつ子

<材料> 4人分

さつまいも…2本（400g）
小麦粉…60g
水…約100mℓ
よもぎの葉（生）…40g
砂糖…50g
塩…少々

<つくり方>

1. よもぎは湯1ℓに対し重曹小さじ1/2を入れた湯でやわらかくゆでて、水にとってよくしぼる。包丁でたたき、すり鉢でするかフードプロセッサーにかけ、40〜50mℓの水を加えてペースト状にしておく。
2. さつまいもは皮をむいて乱切りにし、一度水にさらす。鍋に入れてひたひたになるように水を加え、中火で煮る。
3. さつまいもがやわらかくなったら火を止めゆで汁をのぞき、いもが熱いうちに鍋の中でつぶす。ゆで汁は**5**で使うためにとっておく。
4. ボウルに**1**と小麦粉を入れ、水50mℓを加えてダマがなくなるまで混ぜる。
5. **3**に砂糖、**4**を加えてよく混ぜる。かたければ**3**のゆで汁を加えて好みのかたさにする。
6. 再び火をつけ、弱火で混ぜながら練っていく。
7. 粉に火が通ったら、甘みを引き立たせるために塩をほんのひとつまみ加えて混ぜる。火を止めてそのまま5〜6分蓋をして蒸らす。
8. 器に盛りつける。

撮影／長野陽一

<材料> 4人分

里芋…4個（200g）
こしあん（小豆）…200g

<つくり方>

1 里芋を洗い、皮つきのまま十分にやわらかくなるまで25〜30分蒸す。
2 皮をむき、すり鉢でペースト状にすりつぶし、約20cm長さの棒状に形を整える。
3 巻きすにラップを敷き、**2**の長さに合わせてこしあんを1cm弱の厚さに薄く広げる。この上に**2**をのせ、ぐるりとあんで包むように巻く。
4 ラップをはずし、3cmほどの輪切りにして器に盛る。

◎さつまいもでつくってもよい。1本（200g）を蒸して皮をむき、つぶさないで太いところをそいで全体を同じ太さの棒状にする。

〈徳島県〉

出世（しゅっせ）いも

出世いもは、里芋をつぶして棒状にして小豆あんを巻いたものです。子どもが出世して子孫が繁栄するようにと願い、子どもの誕生や端午の節句、結婚式などにつくられる、県南に伝わるハレの料理です。高知県境にある県最南端の漁村の宍喰（ししくい）では、結婚式に出席できなかった親しい家に配るお祝い返しである「組みざかな」に使われています。一合ずし、ひっつけ、押しずし（姿ずし）、かまぼこ、出世いもなどを偶数・2個単位で大皿の皿鉢（さわち）に盛ったものを届けるのです。

現在はさつまいもでつくることが多いのですが、もとは子いもをたくさんつける縁起のいい食べものということで里芋が使われてきました。米が貴重な時代に米の代わりに里芋でおはぎをつくったことから「いもにあんを着せ出世して納まる」とされ、「いもが米に出世した」ことから名づけられたなどのいわれがあります。里芋の銀色に小豆の紫色の配色が美しく、食べるとねっとりとした独特の味わいです。

協力＝寺内昭子
著作委員＝金丸芳

〈愛媛県〉

里芋と小豆のほた煮

東予地区は、南予地区の大洲と並ぶ里芋の産地です。東予地区の西条市のうち、吉岡と庄内はとくに土が肥沃で水はけがよく、おいしい米や里芋がとれます。ほた煮はこの地域で誕生した赤芽系の親いもの料理です。今は廃棄されることもある親いもですが、昔はおいしく食べる工夫をしていました。

親いものほのかなえぐみや繊維は一般的に好まれない個性ですが、煮干しと小豆のえぐみとほどよいかたさがよく合っています。苦みは少量の砂糖で抑制されてまろやかになり、まさに、親いもの負の個性を正に転じた料理です。

ほた煮は「とても大きい」ことを方言で「ほたくれ」ということからついた名で、「大きな煮物」という意味です。どんぶりに大きないもがごろごろ入っており、煮干しも半分に割ったまま盛りつけるので、初めての人は見た目に驚き、食べると絶妙の味の組み合わせに、二度驚きます。砂糖の量を変え、おやつとしてもおかずとしても食べられていました。冬場のぜんざいのように、熱いいもをふうふう吹きながら食べると体がポカポカ温まったそうです。

協力＝森川むつ子、兵藤美枝子、森山響鼓
著作委員＝宇高順子

撮影／五十嵐公

<材料> 6人分

小豆…1/2カップ(85g)
水…4カップ
里芋*…8個(400g)
煮干し(大羽)…7尾(12g)
黒砂糖または上白糖
…大さじ2と1/2
うす口醤油…大さじ1と1/2

*赤芽系(セレベス等)がほっくらして美味で、昔は赤芽系の親いもを使ったが、現在は白芽系の「伊予美人」の子いもがよく使われる。

伊予美人は愛媛県オリジナルの里芋の品種。色が白くきめが細かく、粘りも強い

<つくり方>

1 小豆は一度ゆでこぼした後、分量の水を加えて、沸騰が続く程度の火加減で、アクをとりながらかために煮る。強火で煮ると割れるので、中火から弱火で煮る。
2 里芋は皮をこそげ落とし、大きめのひと口大に切り、かためにゆでてザルにとり、ぬめりのあるゆで汁を捨てる。
3 煮干しは頭・内臓・中骨をとり、半分に割る。
4 里芋と煮干しを1に加えて、アクをとりながら煮る。
5 里芋がやわらかくなったら、砂糖と醤油で味つけし、5分くらい弱火で煮こむ。
6 煮干しも煮汁もともに盛りつける。

◎赤芽系の親いもでつくる場合は、粉質で水分を吸収しやすいので、汁けを多くし、煮くずれに注意する。

〈愛媛県〉

いもねり

高縄(たかなわ)半島の北西部に位置する旧北条市は、農業がさかんで、水はけのよい土壌はさつまいもがつくりやすく、かつてはどの家も自給し、いもつぼで保存していました。いもねりは掘り立ての10月頃のいもが一番上手にでき、秋から冬につくられたおやつです。つくっても3月までで、それ以降はいもが水を吸わなくなり、うまくできません。昔は一度にたくさんつくって近所に配りました。もとはさつまいもとメリケン粉（小麦粉）を合わせただけでしたが、昭和40年頃にはだんごの粉や栗を入れるようになりました。今は冷凍庫で保存し、常温に戻してから食べています。

鳴門金時を使うと繊維が残らず、ダマにもなりにくく素直にできて、味もよく最適です。いもは3cm角でゆでますが、これが火の通り加減を考慮した絶妙な大きさで、小さ過ぎても煮くずれて焦げやすくなります。粗めのきな粉は熱とりに、国産で質がよい細かいきな粉を仕上げ用に使い分けたりと、つくり続けていくなかでおいしくするための工夫が生まれてきました。

協力＝高木敏江　著作委員＝武田珠美

＜材料＞ 8〜10個分

さつまいも…500g
だんごの粉（うるち米・もち米）…80g
塩…小さじ1/2（3g）
砂糖…130g
栗の甘露煮…12g（小1個）
栗の甘露煮のシロップ…大さじ1弱
きな粉（粗め）*…大さじ1強（5g）
きな粉（細かめ）…大さじ2強（10g）
*細かめのきな粉がなければ、全量粗めでよい。

撮影／五十嵐公

＜つくり方＞

1. さつまいもは皮をむき、黒い部分は丁寧に除き、3cm角に切って水につける。
2. 鍋にいも、いもの高さと同じ程度に水を入れる**。
3. 蓋をして強火でいもがやわらかくなるまでゆでる。途中で混ぜない。つぶれると焦げやすく、またたんごの粉がダマになりやすくなる。
4. いもが煮えたら塩を入れて中火にし、砂糖を入れる。
5. 小鍋に栗とシロップを火にかけ、栗は沸騰したらとり出し、よく冷ましてから、5mm角くらいに切る。
6. シロップは4の鍋に加えて、弱火で混ぜ合わせる。煮汁を100mℓくらい、別にとっておく。汁が少なくなりドロッとしたところに、だんごの粉を少しずつ入れてはしゃもじで練り混ぜる（写真①）。
7. 全体がかたくなったら、6でとっておいた煮汁を少し足しては練る、を繰り返し、煮汁を全部入れる。
8. 火を止め、鍋をぬれタオルにおいて冷ます。火を止めたら混ぜない。混ぜると、ダマがある場合に細かくなりきれいに除けなくなる。
9. もろぶたなどに粗めのきな粉を敷く。いもねりは表面のかたくなったところから熱いうちに1個ずつとる。ダマがあればとり除く。かたいところは内側に入れ、栗1切れを入れて丸め（写真②）、もろぶたに並べる。冷めたら細かめのきな粉をまぶしながら、徐々に平らになるように手で押し、もちの形に整える。上面がきれいなので、一度おいたら、上下を返さない。

**1月以降はいもが水を吸いにくくなるので水の量は少し控える。

撮影／長野陽一

＜材料＞20個分

さつまいも…200g
田芋（里芋）…200g
砂糖…30g
塩…ひとつまみ（0.5g）
きな粉…15g

＜つくり方＞

1 さつまいもと田芋は、皮をむき、適当な大きさに切る。
2 蒸し器で火が通るまで蒸す。
3 いもが熱いうちに、**2**と砂糖、塩をすり鉢に入れてよくつぶす。
4 20個に丸めて、きな粉をまぶす。

けんかもちを半分に割ったもの。つぶつぶして見えるのがさつまいも

〈高知県〉

けんかもち

田芋（里芋）とさつまいもを半分ずつもちのようについて混ぜ合わせた料理なので、けんかもちというそうです。2種類のいもを合わせることで、ぱさつかず、ほどよいやわらかさになります。さつまいもの甘みも感じられ、昔から子どもにもお年寄りにも人気のおやつです。

標高が高く、山に囲まれた物部(ものべ)町では、米が少ししかとれなかったため、田芋とさつまいもは重要な食糧でした。さつまいもは、寒さで腐らないよう、台所の土間や庭先に掘った「いもつぼ」とよばれる穴にもみ殻と一緒に入れ、春まで保存して食べていました。

もともとけんかもちは、おきゃく（宴会）の皿鉢料理に入れるきんとんでした。田芋、さつまいも、それぞれのきんとんは県内各地に見られますが、両方を合わせるのは珍しいようです。最近では盛りつけやすく食べやすいという理由で丸めてきな粉をつけた形で給食などに出されるようになり、家庭にも広まりました。

協力＝岩目博子、森本ちづ、宗石教道
著作委員＝五藤泰子、小西文子

〈高知県〉

ひがしやま

高知県にはさつまいものおやつがたくさんあります。干しいもは大きく分けて2種類。一つは「かんぺ」「かんば」「ほしか」「へら」などと呼ばれる生のまま薄く切って干したいもで、小豆と一緒に煮たり、もち米と一緒に蒸してついて食べます。もう一つが、「ひがしやま」「ゆでほしか」と呼ばれるゆでてから干したいも。そのまま食べたり、もちにつきこんだりします。長時間ゆでるので、いもの甘みがゆで汁に出て、その汁ごと冷ますことで、いもに味が戻り、甘みの強いしっとりした仕上がりになります。同じゆで汁で次のいもをゆでると、さらに甘みが増し、最初にゆでたいもよりもおいしくなるのだそうです。

昔は甘味が貴重だったので、ゆで汁を煮つめてもやし（麦芽）を入れていもあめにし、煮物などに使うこともありました。皮つきでゆでるか、皮をむいてゆでるかなど家庭や地域によってつくり方はさまざまですが、今も昔も高知の人たちに愛されているおやつです。

協力＝岩目博子、土田美穂、森本富子
著作委員＝福留奈美、野口元子

撮影／長野陽一

<材料>

さつまいも…10〜15個（約2kg）

<つくり方>

1 さつまいもは皮を厚めにむき、水にさらす。
2 鍋にさつまいもとたっぷりの水を入れて火にかける。
3 沸騰したら、煮くずれないように微沸騰が続くくらいの弱火にして、蓋をして3時間煮る。火を止め、ゆで汁につけたまま冷ます。
4 さつまいもを繊維にそって包丁で1cm厚さに切る。小さなものは縦半分に切る。
5 平たいザルにさつまいもを広げ、裏表を返しながら3〜4日間、天日干しにする。
6 表面を手で触ってもくっつかず、中は少ししっとりしているくらいまで乾いたら完成。

◎少量でもできるが、たくさんゆでる方がおいしくできる。

◎冷蔵庫か冷凍庫で保存しておくと日持ちがよい。食べるときはオーブントースターなどで少しあぶってもおいしい。

◎昔は地元の品種だったが、最近はニンジンイモや安納芋でつくる人が多い。

裏表を返しながら干し上げる。12〜1月の寒い時期につくるのがおすすめ

撮影／高木あつ子

<材料> 3本分

さつまいも…2本(450g)
いも粉*…50g
水…20mℓ(蒸しいもの水分で調整)

竹の皮…3枚

*生のさつまいもを干して粉にしたもの。なければ小麦粉を使う。このときは水を入れない。

<つくり方>

1 竹の皮を洗い、水けをふく。真竹の場合はさっと洗うだけでいいが、孟宗竹はたわしで洗って表面の毛をとり除く。
2 さつまいもを蒸して熱いうちに皮を除き、つぶす。
3 200gをあん用にとり分け、残りの250gにいも粉と水を加えて、もちのようになるまでよくこねる。これが外側の生地(皮)になる。
4 3を3等分して丸く大きく広げ、3等分にしたいもあんを上にのせ、あんが出ないように外側の生地で包みこむ。
5 細長く形を整えて竹の皮の上にのせる。皮を両側から折って包み、竹の皮を裂いて結ぶ。
6 蒸し器から湯気が出続けるぐらいの火加減で30分蒸す。

さつまいもと小麦粉の生地で小豆あんを包むこともある

竹の皮だんご
〈宮崎県〉

宮崎ではさつまいもを「唐(から)いも」と呼びます。高温多雨と長い日照時間が栽培に向き、台風の被害を受けにくいので米、麦に次ぐ重要な作物でした。田植えの頃まで「いも床」を掘って保存しましたが、通年利用できるように薄く輪切りにして天日で干して臼でついた「いも粉(切り粉)」もつくられました。

この竹の皮だんごは、いもを蒸してつぶした生地に、いも粉や小麦粉を混ぜたもので、地域によっては「切り粉だんご」、また、こね鉢を使うためか「こねむずだんご」と呼ばれました。いも粉だけでつくると生地は黒く、冷めるとかたくなりますが、いもが入るとやわらかさが保てます。竹の皮で包むので香りもよく、田んぼに持って行き、糸や細い草で切り分けて食べたそうです。

一番簡単につくるには生地をそのまま丸めて蒸しましたが、少し時間があるときはこのように皮とあんに分けて包むと味も見た目もよく、あんが入っている分、蒸す時間が短くなります。

協力＝江藤美保子、矢越ミノリ
著作委員＝長野宏子、篠原久枝

〈福岡県〉

じゃがまんじゅう

じゃがいもを丸のまま塩ゆでし、小麦粉の生地で包んでゆであげたものが、じゃがまんじゅうです。秋冬はじゃがいもではなく里芋でつくり、これはいもまんじゅうと呼びます。塩味と醤油味があり、シンプルで素朴な味わいですが、あっさりしたじゃがまんじゅう、ねっとり感のいもまんじゅうとも、いものおいしさが生きています。

熊本県との県境に位置する山あいの八女(やめ)市黒木町(くろぎまち)で年間を通して食べられてきたもので、地元ならではの料理というと真っ先にあがってくるほど親しまれています。米が十分にないなか、たくさんとれる小麦といも類に手をかけて、日々の食卓にのせてきました。田植えや茶摘みの時期は、米の節約のためにまんじゅうを入れたおひつをどんと真ん中において、ご飯を食べる前にお箸に2〜3個突き刺して食べたそうです。現在も誕生日にはケーキよりじゃがまんじゅうをリクエストする子どももおり、一度に40個、80個単位でつくる家庭もあります。

協力＝原勝子、草場シゲ子、梅崎智晶、沖加奈子　著作委員＝秋永優子

撮影／長野陽一

<材料> 20個分

- じゃがいも*（50〜60gの卵Mサイズ大）…20個
- 水…適量
- 塩…水の2.5%

- 小麦粉（中力粉）…500g
- 熱湯…粉の65%（325mℓ）
- 塩…熱湯の4%（13g）

*じゃがいもはメークインが煮くずれせず適する。小さいいもがそろわないときは半分に切って面取りして使うが、煮くずれしやすい。

◎醤油味にするときは、水に対して15%の醤油と5%の砂糖を入れて、いもを煮る。

<つくり方>

1 じゃがいもの皮をむき、かぶるくらいの水と塩を加え、蓋をしてゆでる。いもが煮くずれないよう、沸騰後は火を弱める。

2 いもに竹串がすっと通ったら、熱いうちに玉じゃくしで1個ずつザルにとり、乾いた目の粗い布巾などに並べて冷ます。表面に水けがあると、包んだときに生地がいもに密着しないので、よく乾かす。

3 皮をつくる。粉を2回ふるった中に塩を溶かした熱湯を入れ、木べらで手早く混ぜてから手でよくこねる。耳たぶよりややややわらかめの生地になる。なめらかになったら、ラップにくるんで20分ねかせる。熱湯でこねると生地がのびるので包みやすく、加熱後時間がたってもやわらかい。

4 20等分になるように生地をちぎり、丸めて平たくのばし、いもをのせる（写真①、②）。生地を引っ張りながら包み（写真③）、手のひらで転がして生地の厚さをそろえ、いもに密着させる（写真④）。皮は薄い方がおいしいが、穴があるといもが煮くずれる。

5 包んだものは2の布巾の上に並べる（写真⑤）。

6 鍋にたっぷりの湯を沸かし、1個ずつ入れる。鍋底にくっつかないように、麺棒や木べらで底を静かに混ぜる（写真⑥）。

7 浮いてきたら網じゃくしなどで1個ずつすくい、ザルにあげる。皮がやぶれそうなときは、木べらとしゃもじですくう。

8 水を張ったボウルにザルごと入れ、左右に5〜6回揺らす（写真⑧）。

9 水けをきって、乾いた目の粗い布巾に並べて冷ます（写真⑨）。

◎蒸す方法もあるが、皮がくっついてきれいに仕上がりにくく、一度にたくさん加熱できない。
◎冷めてから一つずつラップで包むと、冷蔵または冷凍保存できる。軽く焼いて食べると、またおいしい。
◎余った生地は薄く木の葉形に整えて一緒にゆでたり、だご汁に使う。

塩味のきいたじゃがいもが丸ごと入っている

〈長崎県〉

つきあげ

長崎県のさつまいも栽培の歴史は古く、多くの料理が伝えられています。さつまいもはいも窯で保存できたため、工夫を凝らして調理加工され、いろいろな料理に利用されてきました。

つきあげは、県央、県北、西彼(せいひ)、五島福江などの県内各地域で定着した料理です。さつまいもを蒸かして、熱いうちにつぶし(棒でつき)、揚げる。ついて揚げるから「つきあげ」と呼ぶようになったといわれています。

つきあげは昔から寄り合いやお祝いのときに出される料理の一品で、おかずとしてもおやつとしても食べられます。揚げたてはサクッとした歯ごたえとホクッとした食感があり、冷めてもやわらかくおいしくいただけます。蒸したいもをつぶしてなめらかになるまで混ぜてから揚げるのが一般的ですが、成形した材料を再度蒸してから揚げることもありました。現在は、砂糖の量をだいぶ減らしており、卵や牛乳、ベーキングパウダーを加えるなどの工夫がされています。

協力＝毎熊美知恵、加藤秀子、川添敦子
著作委員＝石見百江、冨永美穂子、久木野睦子

撮影／長野陽一

<材料> 10個分

さつまいも…500g
砂糖…40g
塩…少々
小麦粉(薄力粉)…70g
油…適量

<つくり方>

1 さつまいもは皮をむいて輪切りにして蒸し、熱いうちにつぶす。
2 砂糖、塩を加えてよく混ぜる。
3 さつまいもが冷めたら、小麦粉を加えてなめらかになるまでよく混ぜ10等分にする。
4 1個ずつよくこね、厚さ1cmくらいの丸い形にする。周囲のひび割れができないようによくこねる。
5 油を160℃くらいに熱し、3をきつね色になるまで揚げる。高温にならないようにゆっくり揚げる。

撮影／長野陽一

<材料> 4個分

せんだんご*…80g
白玉粉…40g(せんだんごの1/2量)
塩…ひとつまみ
ぬるま湯…約120mℓ（せんだんごと白玉粉を合わせた量）
小豆あん…120g

サンキライ（サルトリイバラ）の葉4枚

*せんともいい、さつまいもを発酵させてつくるでんぷん。対馬の伝統的な保存加工品(p122参照)。

<つくり方>

1 あんを4等分にして丸める。
2 せんだんごを粗く砕いたものと白玉粉を合わせ、塩を加えて混ぜる。
3 2にぬるま湯を加えながら、耳たぶくらいのやわらかさになるまでこねる。よくこねるほど、粘りが出ておいしくなる。
4 3を4等分にして、あんを包み、サンキライの葉で巻く。
5 蒸し器で12〜15分蒸す。

〈長崎県〉
せんちまき

島土の約89%が森林で平地が少なく、岩がちで耕地も乏しいため食料事情が厳しかった対馬では、さつまいもが何度も飢饉を救ってきました。そのため孝行いもとも呼ばれます。それが隣の韓国にも伝わり、孝行いもがなまって、さつまいもはコグマと呼ばれています。

さつまいもの発酵でんぷん「せんだんご（せん）」を使ったのがこのちまきで、仏様へのお供え、盆、彼岸や祝いごとにつくられます。つくり方はシンプルですが、生地にするせんだんごは手間暇かけてつくられた対馬固有の保存品です。秋に収穫したいもを冬に切り干しやせんだんごに加工し、いもがとれない春夏はそれらを調理して食べてきました。以前はくずいもや小さないもを使い、いもを無駄なく利用してきたのです。

せんだんごはいもを小さく砕き、発酵・乾燥させ、水にさらした後、鼻高だんごと呼ばれる小さなだんご状にして乾燥させたもので、ろくべえ（麺）、すいとん、ぜんざいなど、多様に利用されています。

協力＝対馬市食生活改善推進協議会厳原支部
著作委員＝冨永美穂子

〈長崎県〉

かんころもち

おもに五島列島を中心に県内でつくられてきた干しいもを使ったもち（菓子）です。五島列島にさつまいもが伝わったのは、キリシタン農民が大村藩から移住し、栽培技術が伝わったためと考えられています。島は水はけのよい斜面の土地で、さつまいも栽培に適していたのです。そのいもを長期保存できるよう、切ってゆでて干したものがかんころです。米も砂糖も貴重なので、かんころもちは冬のごちそうでした。

いもと米、砂糖の配合割合は各家庭で異なり、手づくりが一番おいしいといわれていました。最近は家庭でつくることは減ったため外注がほとんどで、12月になるともち屋などに配合を伝えて、大量につくってもらい、県外の家族や親せきに送る風習が続いています。つきたてはモチモチとやわらかく、かたくなったら薄く切って焙（あぶ）るとホクホクとした食感で、違ったおいしさがあります。近年はさつまいももやかんころの生産者が高齢化で激減し、存続の危機にあります。

協力＝吉村美知子、大坪鷹子
著作委員＝冨永美穂子、石見百江

撮影／長野陽一

<材料> 約20本分

かんころ*（干しいも、切ってゆで干ししたさつまいも）…3kg
もち米…1kg
砂糖…1kg
かたくり粉…適量
好みでごま、水あめ、しょうがのしぼり汁、ゆでて刻んだよもぎなど…各適量

*さつまいもの皮をむき、かんころがんなで1枚1枚5mm程度にスライスし、ゆでて数日干して乾燥させたもの。対馬では切り干し、島原半島などではこっぱとも呼ばれる。

◎かんころ：もち米：砂糖＝5〜8：2〜5：2〜5の割合でつくる。

<つくり方>

1 もち米を洗い、1時間以上水につける。水からあげて1時間程度蒸して、もちつき機などでつく。
2 かんころを洗い、熱めのぬるま湯に10分つけて戻す。水けをきり、20〜30分蒸して八分程度蒸れたところ（指が通るぐらい）にもちをのせ一緒に蒸し上げる。
3 2に砂糖を加え、電動ミンサーに通す。ホッパーに入れて上からすりこ木でつきながら押し込む。数回ミンサーに通してなめらかにする。ここで好みでごま、水あめなどを加える。
4 ボウルなどに出し、大きな球状にする。べたつきを防ぐため、かたくり粉を台に広げ、両手を使って手早く押しのばしながらなまこ形に整える（写真①）。できたてならなまこ形にしないで丸もち状にし、中に小豆あんを入れてもおいしい。
5 一晩たつとかたくなるので、薄く切って焼く。

撮影／戸倉江里

<材料> 16個分

さつまいも…大2本（500g）
かんころ粉*（さつまいもの粉）…300g
蜂蜜…大さじ2と1/2（約50g）
ぬるま湯…250〜300mℓ
小豆あん…200g

*かんころ粉

<つくり方>

1 さつまいもは蒸し器で竹串がすっと通るようになるまで蒸す。皮をむき、木べらなどで大きなかたまりがなくなるように、粗くつぶす。
2 1を8等分し、丸く平たくまとめておく。小豆あんも同様にする。
3 かんころ粉と蜂蜜をボウルに入れ、ぬるま湯を少しずつ加え、菜箸で混ぜる。
4 ぽろぽろとしたフレーク状になったら手でよく練り、生地がやわらかくまとまったら、16等分する。
5 手のひらで円盤状に平たくし、それぞれに2のあんのいずれかを1つずつのせて包む（写真①）。
6 蒸し器で生地に弾力とつやが出るまで20分ほど蒸す。

〈大分県〉

かんころもち

さつまいもや小豆のあんをかんころ粉（さつまいもの粉）の生地で包んだおやつです。かんころ粉は、いもを薄く削って天日に干し粉にしたもので、長期間保存できます。生のいもも床下に掘った「いもがま」と呼ばれる貯蔵庫に入れ、6月くらいまで保存していたので、かんころもちはいつでもつくれるおやつの定番。農作業の合間に食べる「こびり（おやつ）」として、子どもから大人まで親しまれてきました。

小豆は各家庭でつくっていましたが、売りに出す高価なものだったので、かんころもちに小豆あんを使うのはお客さんが来たときや祝いごとなど特別な日だけ。普段はさつまいもあんや小豆あんを入れずに生地だけを蒸し、きな粉や黒砂糖をつけたかんころだんごにすることもありました。

かんころ粉の生地はむちむちとした食感で、いもあんはほっくりと甘みがあり、同じ素材とは思えないくらい食感も味も違います。決して見栄えがするわけではありませんが、蒸したての熱々を食べると、いもの深いコクが味わえます。

協力＝諌元正枝　著作委員＝高松伸枝

<材料>

さつまいも

さつまいもは貯蔵することででんぷんの一部が糖に変わって甘さが増すので、収穫直後ではなく気温が低く乾燥してくる12〜2月につくったほうがよい。

<道具>

蒸し器、ナイフ、絹糸（ピアノ線、釣り糸など）、ザル

干しいものつくり方

さつまいもは蒸すことで酵素がでんぷんに作用して麦芽糖ができ、干して水分を蒸発させると甘さが増し、干しいもになります。
その土地の気候風土を生かした保存食です。

写真／五十嵐公、高木あつ子（乾燥いも）、長野陽一（きんこ、干しい、こっぱ）
協力／ひたちなか市食生活改善推進員連絡協議会（茨城県）

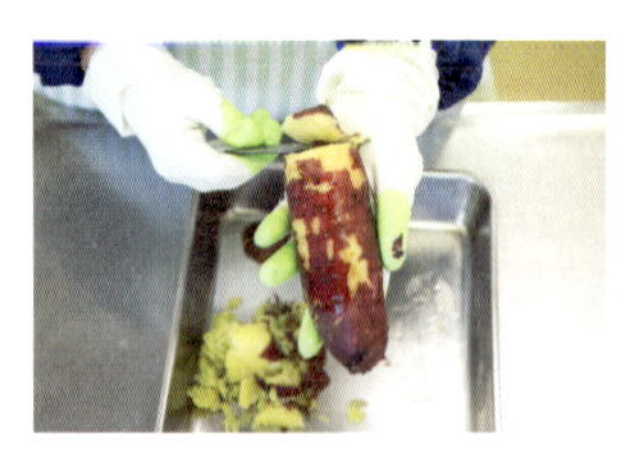

1 さつまいもは皮つきのままやわらかくなるまで蒸し、熱いうちに皮をむく。まず小さめのナイフで端を切り落とす。

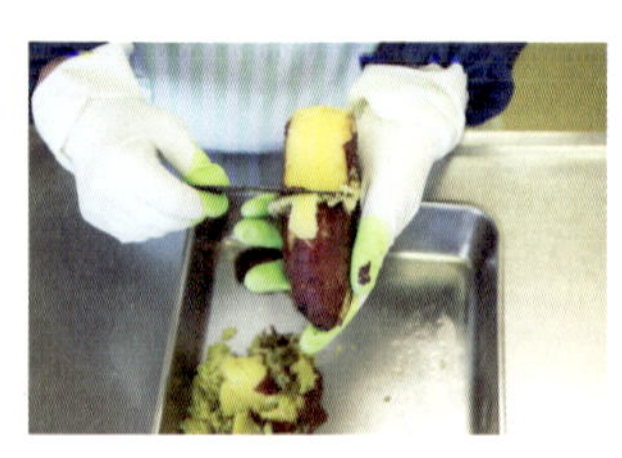

2 ナイフで手前から奥にそぐようにして、皮を厚めにむく。

3 全体の皮を同様にしてむく。アクの強い端の部分や筋っぽいところはすべてとり除く。残すと干したときに変色する。

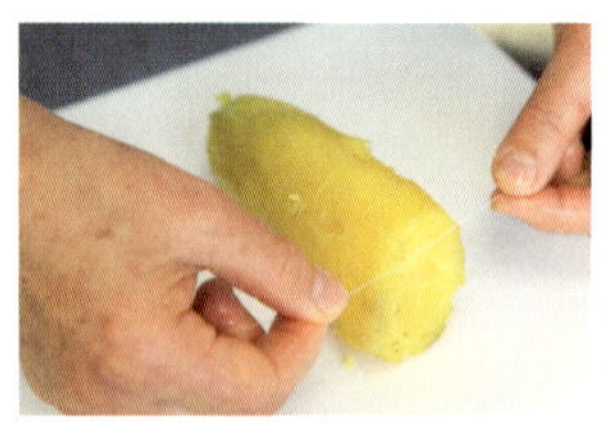

4 端の切り口に絹糸をあてる。厚さは1cmほど。

5 手前に引っ張って切る。同様に数枚に切る。枚数はいもの大きさによる。

6 バラバラになるように1枚ずつはなし、ザルなどに重ならないように並べて風通しのよい日なたで1週間ほど干す。

〈 干したさつまいも　いろいろ 〉

群馬県の乾燥いも

つくり方は上記と同じで、蒸したいもを切って乾燥させたもの。昔は、養蚕で使う蚕ザルなどに並べて1カ月ほど干したそう。

三重県のきんこ

志摩でつくられている隼人（はやと）いもという橙色が鮮やかないもでつくる。いもは蒸さずに大釜で煮る。干しなまこ（きんこ）に似ているので、こう呼ばれる。

東京都のほしい

伊豆諸島・新島でつくられている。島のアメリカいもを使う。蒸したいもを機械でそぼろ状にして乾燥させたもの。蒸したもち米と合わせて、いももちなどにする。

鹿児島県のこっぱ

皮をむいて輪切りにしてゆでて干したもの。このままでは食べず、水で戻して砂糖や小豆を加えて煮てだんごにしたりする。ゆでずに生のまま干す場合もある。

協力／高橋豊久、原田勇（群馬県）、松本朋江（三重県）、梅田喜久江（東京都）、立石愛子（鹿児島県）

果物と木の実と海藻のおやつ

りんごや桃、あんずなど、収穫期にたくさん手に入る果物を煮たり漬けたりして保存するのは、産地ならではの食べ方です。庭先の柿、山でとった栗やどんぐり、海辺のテングサも、加工すれば立派なおやつ。農作業の合間に楽しんだ肩のこらないお茶も紹介します。

<材料>4人分

りんご…2個（500g）
砂糖…100g
水…500mℓ

<つくり方>

1 りんごの皮をむき、8等分に切る。
2 鍋に砂糖と水を入れ、火にかけて煮溶かしたら火を止める。
3 りんごを加えて中火で10分ほど煮る。
4 透き通ってきたら火を止めて、余熱で火を通す。

弘前市のりんごの代表品種「ふじ」。今は貯蔵技術の進歩により、通年出回っている

撮影／五十嵐公

〈青森県〉

煮りんご

りんごの生産量1位の青森県で冬によくつくられているおやつです。明治初期から栽培が始まった弘前市は、夏から秋にかけての冷涼な気候がりんごの生育に適しており、県内でもとくに生産量が多い地域で、秋になると農家でなくても知り合いからもらったり、「産直（直売所）」やスーパーなどで購入して各家庭でたくさんのりんごが食べられています。

収穫してから日がたったりんごは、やわらかくなって生のままではおいしくなくなってしまうので、煮りんごにします。火にかけることで生のりんごとは違った甘く透き通った味わいになるのです。

昔は外での農作業が終わった後、家で少しゆっくりしながらりんごの皮をむいて一度にたくさんの煮りんごをつくり、何日かに分けて食べていました。砂糖や水を入れるか、その分量も家庭によって違いますが、今のようにおやつがあまりなかった時代につくってもらった煮りんごは子どもたちにとってうれしい一品でした。

協力＝澤田登美子
著作委員＝真野由紀子

〈埼玉県〉

ゆず甘煮

県南西部に位置する日高市、近隣の越生町、毛呂山町ではゆずの栽培がさかんで産地として知られています。今は地域でゆずのお菓子なども販売されていますが、昔から日高ではそれぞれの家の庭木としてあり、自家製のゆずを利用していました。11月頃になると収穫し、皮、果肉、果汁などさまざまに使います。また、この地域では古くから正月のおせち料理としてつくられるゆず巻きも有名です。

ゆず甘煮は皮の色とさわやかな香りを生かした料理で、甘いおやつとしても喜ばれます。生ゆずよりもはるかに鮮やかな黄色になり、砂糖を入れることでつやも出て、食欲をそそります。砂糖の甘みとゆずの酸味と香りがよく合い、いくつでも食べられます。

かつては一晩水に浸してからゆずを煮ることで、皮をやわらかくするとともに苦みも減らして食べやすくしていました。最近ではもっと手軽にと、水に浸す代わりに2〜3回ゆでこぼしてつくるようになっています。

協力＝日高市食生活改善推進員協議会
著作委員＝木村靖子

＜材料＞ 10切れ分

ゆず（表面がきれいなもの）…5個
砂糖…100g

＜つくり方＞

1 ゆずの皮の表面は苦いのですりおろし（写真①）、縦に二つに切り、中の房をとり出す。皮を甘煮に使う。
2 ゆずを2〜3回ゆでこぼし、ザルにあげて水けを十分にきる。
3 ゆずは左右に折りたたむ（写真②）。フッ素樹脂加工のフライパンまたは鍋にまず半量の砂糖をふり入れ、折りたたんだ方を下にして並べ、残りの砂糖を上にのせる（写真③）。
4 弱火にかけて汁がなくなるまで20〜30分煮る。
5 火を止めてそのまま冷まし、味を含める。

◎ゆずの皮は折りたたむと、できあがりが紡錘形できれいに仕上がる。

①

②

③

撮影／長野陽一

とり出した果肉は砂糖を加えてとろ火で煮つめてジャム（左）に、すりおろした皮は乾燥させて一味唐辛子と混ぜてゆず唐辛子（右）に、ゆずの種は化粧水に使える

〈千葉県〉

びわの砂糖煮

房総半島南部の南房総市はびわの栽培がさかんで、海からの潮風と段々畑の山にふりそそぐ日を浴びながら育てられています。大きく立派な実にするために半年のあいだ手をかけ、一つ一つ袋かけして大切に育てた実が、収穫のときにかごの隅にコツンとぶつけただけで黒いあざができて売り物にならなくなってしまうほどデリケートな果物です。そのため、はねだし品も多く、収穫期の6月には、農家は生で食べきれないびわは砂糖煮にして、保存食やおやつとしました。梅雨の前の時期、漂うびわの香りとともに思い出す味です。

砂糖煮の鍋にその日のはねだしを継ぎ足しては火を入れることを繰り返し、大鍋いっぱいにつくりました。びわの皮をむいたり、種をとる作業は子どもたちも手伝い、手の指がアクで真っ黒になってしまうので、人前で手を見せるのが恥ずかしかったという人もいます。びわの葉を入浴剤に入れて、薪でわかした風呂もなつかしい思い出だそうです。

協力＝熱田恵子、高橋たつ子
著作委員＝梶谷節子、渡邊智子

撮影／高木あつ子

＜材料＞ 500mlのビン1本分

びわ…正味300g
砂糖…200〜250g
塩…少々

＜つくり方＞

1 びわはへた、皮、種、種と実の間にある薄皮をとる。びわから出た果汁は捨てずに鍋に入れる。
2 鍋にびわと半量の砂糖と塩を入れて中火にかける。
3 オレンジ色が濃くなってきたら、残りの砂糖を加えて弱火で煮る。焦がさないようにゆすりながら丁寧に煮る。アクはきれいにとり除く。汁がなくなる前、びわが数mmひたる程度で火を止めて冷ます。
4 もう一度火を入れてひと煮立ちしたらできあがり。ビンと蓋は煮沸消毒しておき、砂糖煮が熱いうちに入れて保存する。

◎3で一度冷ますことで味がなじみ、しみこむ。

〈山梨県〉桃のシロップ煮

山梨県は桃の収穫量が日本一で、甲府盆地の多くの地域で栽培されています。峡東地域にあたる山梨市、笛吹市（旧一宮町、御坂町など）がもっともさかんで良質な桃が出荷されます。内陸性気候で日照時間が長く、昼夜の温度差が大きいため、果樹栽培に向いており、戦後は米、麦、養蚕などが中心でしたが、昭和30年代に果樹栽培に転換し、桃、ぶどう、すもも、柿などが生産されるようになりました。

桃農家を中心に、傷がつくなど商品価値がなくなった「はねだし」の桃は、砂糖で煮たりジャムにしたりと日常的に利用してきました。シロップ煮は甘みの少ない桃もおいしく食べられる産地ならではの料理です。甲府盆地に住む人々にとっては身近な夏のデザートで、栽培地の中学校では家庭科の調理実習でつくるほど、親しまれています。最近はシロップ煮を保存用のポリ袋に入れて冷凍し、牛乳や生クリームと一緒にミキサーにかけてシャーベット状にしたりと新しい食べ方も生まれています。

協力＝風間啓子、飯野教子
著作委員＝時友裕紀子

撮影／高木あつ子

＜材料＞ 12切れ分

桃*…2個（果肉400g）
砂糖…100g（好みで調節する）
水…300mℓ

*かための桃がよい。山梨県産の場合は白桃系の川中島や浅間などが適している。

＜つくり方＞

【鍋でつくる場合】

1 桃は洗って皮をむき、種をとり除き、縦六つ切りにする。
2 鍋に桃を入れ、砂糖と水を加えて加熱し、沸騰したら弱火で15〜20分煮る。アクが浮いてきたらとり除く。
3 粗熱がとれたら、よく冷やしていただく。

◎保存する場合はきれいなガラスビンに移し、少し蓋をずらして蒸し器や少し水を張った鍋において煮沸し、蓋を閉める。

【直接ビンに詰めてつくる場合】

1 桃は洗って皮をむき、種をとり除き、縦六つ切りにする。
2 ビンに桃、砂糖、水を入れ、ビンの蓋をのせる。
3 ビンを蒸し器に入れて火にかけ、沸騰したら20分程度蒸す。
4 熱いうちに蓋を閉める。きつく閉め過ぎると開きにくくなるので注意する。

〈長野県〉

あんずのシロップ漬け

あんずは千曲市の特産の一つであり江戸時代から栽培されています。千曲市を含む善光寺平は犀川、裾花川などの多数の川が流入しており、河川敷から扇状地にかけての地質は小石まじりで水はけがよい土壌で、果樹栽培に適しています。

あんずの花は桜より一足早く咲き、例年4月10日前後に見頃を迎えます。実がとれるのは6月下旬～7月中旬のひと月足らず。旬が短くいっせいに収穫時期を迎えるので、無駄にしないよう、ジャム、干しあんずなどいろいろな加工方法が生まれました。

シロップ漬けはあんずのほどよい甘酸っぱさや香りが感じられ、食感もよく生にも劣らないおいしさです。そのままでもおいしいのですが、お菓子づくりに使うことも多く、地元ではこの時期に1年分を仕込む人がたくさんいます。生食用の大きいあんずより、小さくても酸味が強い加工用の品種でつくった方がシロップ煮はおいしく、このつくり方は杏仁の香りを生かすために種も使うので、あんず本来の味が楽しめます。

協力＝西村安子　著作委員＝高崎禎子

撮影／高木あつ子

＜材料＞ 450mℓビン3本分

あんず（新鮮でかたいもの）…1kg

【シロップ】

水…400mℓ

砂糖…400g

＜つくり方＞

1 あんずは洗ってへたをとり除く。小さいものはそのまま、大きいものは縫合線にそってくるりと切り目を入れ、両手でねじって二つに割る。種はそのまま。

2 80～90℃の湯にさっと通し、ザルにあげる。

3 煮沸したビンに2のあんずを詰める。

4 水に砂糖を溶かし、煮立たせてシロップをつくる。

5 熱いシロップを3のビンに注ぎ入れる。少しおくとあんずがちぢんですき間ができるので、あんずを足していく（二度詰め）。

6 5に蓋をしてゆるく閉め、沸騰させたお湯か蒸し器に入れて5分加熱し（脱気）、蓋をしっかり閉めて、さらに5分加熱する（殺菌）。

7 ビンをとり出し、逆さにして冷やす。

ジャムは、熟したあんずを使ってあんずの1/2量の砂糖で煮詰めてつくる

撮影／高木あつ子

＜材料＞

かりん（マルメロ）*…約3kg（正味2kg）
砂糖…1〜1.2kg
塩…大さじ2

*諏訪地方ではマルメロを「かりん」と呼ぶ。本来のかりんでも同様につくれる。

＜つくり方＞

1 大きめのボウルに砂糖と塩をよく混ぜ合わせる。
2 かりんの毛をきれいにふきとり、水で洗い、四つ割りにして芯をとり、なるべく薄く切る。変色しないように刻むそばから1のボウルに入れて砂糖をまぶす。
3 2をビンに漬けこむ。水が出るとかりんが浮いてくるので、上に軽く重石をしておく。空気にふれると変色するので、つねに砂糖液に浸っているようにする。
4 漬けこんだ後、5日程度で食べることができる。保存は冷暗所で5カ月ほど。

とり除いた芯は、乾燥させて煮出してお茶にすることもできる

かりんの砂糖漬け
〈長野県〉

諏訪地方で「かりん」と呼ばれているのは、じつはマルメロという果物です。栽培された当初からこう呼ばれたため、今も「かりん」のままです。諏訪地方は江戸時代から庭や畑にかりんの木が植えられ、生育に適していたため、徐々に栽培が広まり、今はかりんの産地となっています。黄色く色づいたかりんを家庭では砂糖漬けにしたり、室内の飾りや香りを楽しんだりと、古くから利用されてきました。

かりんの砂糖漬けは独特の甘い香りがあり黄金色が美しく、また喉によいので冬の寒さが厳しい諏訪ではお茶うけには欠かせない一品です。肉質がかたくて渋いかりんは生食できません。そこで、かりん農家では砂糖漬け以外にも、砂糖煮、ホワイトリカーと氷砂糖で漬けるかりん酒、砂糖菓子、ジャムなどに加工して利用してきました。砂糖漬けをつくる際、残った芯や果肉は薄く切り、天日でしっかり干して保存し、風邪をひいたときに煎じて咳止めにも使いました。

協力＝林ヤエ子　著作委員＝中澤弥子

〈鳥取県〉

干し柿

昔は庭先や田畑の周りなど、家の近くになっている果物が間食として食べられていましたが、柿は一度にたくさんなるため、干して保存食として活用されました。北風が吹いて寒さを感じるようになる10月下旬から11月上旬にかけてつくります。1本の細縄に8個から10個、それを20本、一度に200個くらいは干しました。日常的によく食べられていますが、正月の神棚へのお供えとして、もちやみかんなどとともに行事食としても欠かせないものです。

昔は家には庭木を植えるのではなく、みかん、柿、ゆず、なつめ、金柑などの実のなる木を植えることが多く、ほとんどの家に柿の木がありました。渋柿は干し柿のほか、合わせ柿（渋抜きした柿）、塩づけ柿にして食べたり、柿渋や柿酢などにも利用されました。干し柿にするのは、おもに西条柿という昔からある渋柿で、形は縦長で表面には縦に溝があり、干すとやわらかく甘みが多い品種です。

協力＝荒金恵美子
著作委員＝松島文子、板倉一枝

撮影／五十嵐公

<材料>

西条柿（渋柿）…適量

細縄（またはナイロンひも）

①

②

<つくり方>

1 柿に傷をつけないよう、柄の部分・果梗（かこう）をT字形につけてもぎとる。
2 柿を回しながら包丁で皮をむく。
3 細縄に柿の果梗のT字型をはさむ。ナイロンひもの場合はくくりつける。1本に8〜10個で、柿どうしがくっつかない程度に間隔をおく。
4 大きなボウルなどに熱湯をためて3の柿をつけて殺菌する。軒下など日当たりと風通しのよい場所につるす。このとき、雨がかからないように注意する。
5 3週間ほどしたら、種ばなれをよくするため、手で柿全体を軽くもむ。
6 1カ月過ぎたら、柿全体を新聞紙で巻き（写真①、②）、室内につるす。
7 半月ぐらいして白い粉がついてやわらかくなったら完成。冷凍保存も可能。

〈宮城県〉

干し栗

山で自生している栗に糸を通して干した素朴な味のおやつです。山栗は現在栽培されている栗の原種ともいわれており、小さく皮むきが面倒なうえに歩留まりも悪いのですが、風味の強いみっしりとした実が詰まっています。

昔は秋になると山で栗をとって干し栗や栗ご飯にしました。できた干し栗は、収穫の感謝をこめて干し柿とともに正月の神棚にあげたり、農作業の合間や子どものおやつにしていました。爪や歯で殻を割って栗をとり出すと渋皮も一緒にとれます。それほど甘みがあるわけではありませんが、じっくり噛んでいると口の中にじわーっと甘みが広がります。

田植えや稲刈りなど人手のかかる農作業は、隣近所の人も集まって大勢で行なうので、おやつに干し栗の束を持っていき、一人10個くらいになるよう糸を切って配っていました。そのまま噛むとかたいので、口の中でゆっくり溶かしてあめ玉のように味わいながら仕事をしたそうです。

協力＝赤坂あさの、赤坂和昭、佐藤恵子
著作委員＝和泉眞喜子、野田奈津実

撮影／高木あつ子

＜材料＞

山栗…適量（約60個）

縫い糸（約1.3m）、縫い針（5〜6cmの長針）、キリ、指ぬき

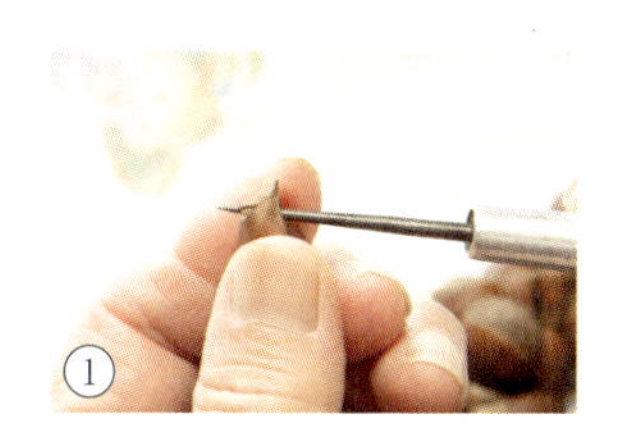

①

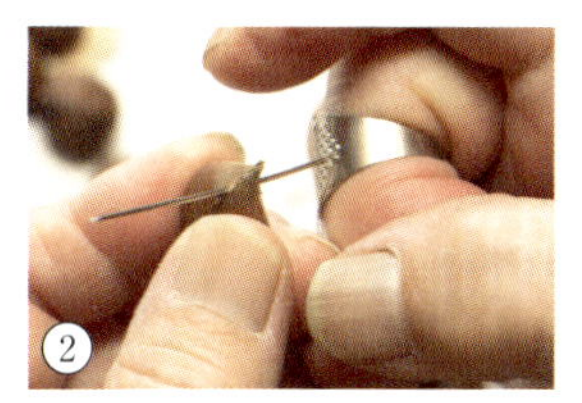

②

③

＜つくり方＞

1 栗は虫食いを確かめるため、3%食塩水（分量外）に一昼夜つける。浮いた栗はとり除く。
2 水けをふいた栗の上部にキリで穴をあけ（写真①）、そこに2本どりにした糸を通す（写真②）。
3 隣り合う栗の向きが互い違いになるよう、栗に糸を通していく。
4 糸の両端をつなぎ、風通しのよい軒下や物干し竿などで干す（写真③）。カラカラになるまで1〜2週間乾燥させる。
5 小さい栗であれば35分ほど、大きい栗であれば50分ほど蒸し、再度、乾くまで軒下に干す。

〈長野県〉

ひだみ

木曽の王滝村ではどんぐりを「ひだみ」と呼びます。どんぐりの中でも王滝村でとれるコナラやミズナラはアクが強いので、生では食べられません。昔は2～3日かけて木灰でアクを抜きました。食べられる状態にするには時間と手間が必要なのです。粉にしたひだみをもち米とつきこんだひだみもちは独特のやわらかさと風味があり、あんこはやさしい風味で、素朴な木の実の味わいが楽しめます。ひだみの粉に砂糖を入れて、おやつにしたこともありました。

ひだみはさっと熱湯に通して乾燥させれば、保存できます。囲炉裏の上の方においておくと100年でももつといわれ、かつては飢饉の際の非常食としての役割がありました。秋になると山で拾い、いざというときの備えにしたのです。ひだみは山の動物にとっても大事な食べもので、動物との共存も意識して少しだけいただく山の恵みであり、先祖から伝えられてきた知恵そのものです。

協力＝佐口幸子、瀬戸美恵子
著作委員＝中澤弥子

手前は焼いたひだみもちとひだみのあん。
奥は揚げたひだみもちと山菜の天ぷら

撮影／高木あつ子

ひだみ（粉）

＜材料＞

どんぐり（コナラ、ミズナラなど）…適量
重曹…大さじ2

＜つくり方＞

1 拾ったどんぐりはその日のうちに水につける。すぐに浮くどんぐりは虫食いなので、枯れ葉と一緒にとり除く。
2 たっぷりの水と火にかけ、1〜2時間ゆでる（写真①）。中にいる虫を殺すのとよく乾燥させるため。
3 ザルなどに広げて天日で干す。手でにぎって殻がパリパリとれるぐらいになるまで。
4 手で殻をむき（写真②）、鍋に入れてたっぷりの水に浸して一晩おく（写真③）。
5 4に重曹を入れて火にかける。沸騰したら弱火にして4〜5時間煮る。アクが出て水が真っ黒になったら（写真④）、ザルにあけて水を捨てる。
6 再びたっぷりの水を入れて火にかける。4〜5時間煮て水が黒くなったら、小さいザルを入れて、そこから黒い水を小鍋などですくって捨てる（写真⑤）。
7 黒い水がすっかりとれたら、きれいな水を足し（写真⑥）、再び火にかけて4〜5時間煮る。これを4回ほど繰り返す。
8 ゆで汁が澄んで（写真⑦）食べてやわらかく苦みが抜けていればゆであがり。ザルにあげて一晩おき、水けをよくきる。
9 粗めのザルに移し、軍手をした手でこす（写真⑧）。ザルに残る殻などは捨てる。保存するときは、プラスチック容器などに密封して冷凍する。

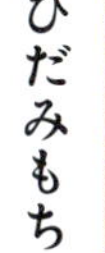

ひだみもち

＜材料＞

もち米…1升
ひだみの粉…250〜300g
砂糖…大さじ3
塩…大さじ1

＜つくり方＞

1 もち米は一晩水につけた後、蒸す。
2 1にひだみの粉と砂糖、塩を加えてもちをつく。
3 少し冷ました後、厚手のラップの上でかまぼこ形やなまこ形に整え、冷めてから適当な厚さに切り、焼いて食べる。冷凍保存が可能。

ひだみのあん

＜材料＞

ひだみの粉…適量
砂糖…粉の25〜30％重量
水…適量

＜つくり方＞

1 鍋にひだみの粉、砂糖、水を入れて火にかけ、焦がさないように木べらで練る。
2 砂糖が溶けたらできあがり。

〈岐阜県〉

栗きんとん

「栗きんとん」といっても、さつまいもと栗の甘露煮でつくるおせち料理ではなく、栗に少量の砂糖を混ぜ合わせ、茶巾しぼりにしたじつに素朴なお菓子です。ごくシンプルな材料でつくるので、栗の風味が損なわれません。できたてがおいしく日持ちはしませんが、生地の状態で冷凍しておけば、好きなときに楽しむことができます。

恵那市や中津川市を中心とする東濃地域は栗の名産地で、瑞浪市では子どもが生まれると「まめにくりくり育ちますように」と願って栗の木を植えたりしたそうです。秋になると、子どもや孫と栗拾いをして、一緒に栗きんとんをつくります。ゆでた栗をスプーンで掘り出す作業は子どもも手伝い、家族みんなでつくったそうです。

手土産には店で買ったものも使いますが、自家用には手づくりすることが多く、生地の栗のつぶし加減、加える砂糖の量は家庭によって異なり、微妙に家ごとの味があるものです。秋には食べたくなる味です。

協力＝宮嶋栄子、佐藤京子
著作委員＝坂野信子

撮影／長野陽一

<材料> 約20個分

生栗…500g（正味約400g）
砂糖…80g（栗の正味の20%）
塩…ひとつまみ

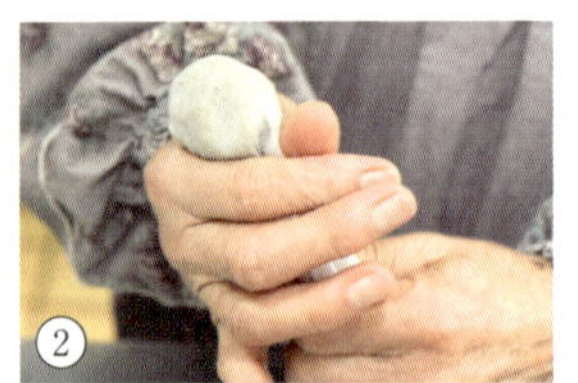

<つくり方>

1 栗を洗って水から30〜40分ゆでる。ゆで時間は栗の大きさにより、割ってみて中がやわらかくなっていればよい。
2 ザルにあげて、熱いうちに栗を半分に切り、スプーンで中をくり抜きボウルに入れる（写真①）。
3 2の栗をすりこ木で少しつぶし、砂糖と塩を入れてよく混ぜる。
4 3を鍋に入れ、弱火でつやが出るまでよく練り上げる。電子レンジで加熱する場合は、ラップをして2分加熱し、よく混ぜ、再度2分加熱する。
5 1つ分約25gの量を、濡らしてしぼったさらしやラップで包む。ひねってから（写真②）底になる部分を親指のつけ根で押さえて（写真③）形を整える（写真④）。

〈鹿児島県〉

がじゃ豆

奄美大島で黒砂糖の原料となるサトウキビの栽培が始まったのは、約400年前です。昔は地域に共同の砂糖小屋があり、畑から刈ったサトウキビをそこに運び、きび汁をしぼって煮つめて黒砂糖をつくりました。島のほとんどの家庭では副業としてサトウキビ栽培に携わっていたので、自分の家で使う分は自分たちでつくり、毎日のお茶うけや調味料に使いました。

その黒砂糖を地豆（落花生）にまぶしてつくるのが、がじゃ豆です。種子島ではりんかけといいます。奄美群島（奄美大島・喜界島・徳之島・沖永良部島・与論島など）や種子島ではお茶菓子の定番で、この豆や黒砂糖を食べながら緑茶をいただきます。サトウキビから黒砂糖をつくるのは冬で、その季節になるとがじゃ豆をつくり、島を離れている子どもや孫たちにも送るそうです。黒砂糖は島の収入源であり生活必需品で、島のお年寄りが健康で長寿なのも長年、黒砂糖を食生活にとり入れてきたからといわれています。

協力＝奄美きょら海工房
著作委員＝大倉洋代

がじゃ豆（左）と黒砂糖

撮影／長野陽一

<材料> つくりやすい分量

黒砂糖（粉末）…100g
皮つき落花生（乾燥）…100g

製糖工場での黒砂糖づくりのようす。サトウキビのしぼり汁を直火で煮つめ、アクをとりながらさらに煮つめる。この後、攪拌しながら徐々に冷やし固める

トレーに流した黒砂糖が固まったらはさみで切る

<つくり方>

1 温めたフライパンに落花生を入れ、中火と弱火の間ぐらいの火加減で、へらで混ぜながら5分ほど空炒りする。表面に少し焦げ色がつき、表皮がはずれてきたら火を止める。
2 ザルなどにあけ、冷ましてから表皮をきれいにとり除く。
3 2をフライパンに戻して中火で空炒りし、炒った落花生の香りがして表面に少し点々の焦げ色がついたら黒砂糖をかける。火はつけたままにして、黒砂糖が溶け出したら素早くかき混ぜ、落花生全体にからませる。
4 鍋からとり出し、オーブン用シートなどに広げて冷ます。

〈北海道〉

かぼちゃようかん

北海道はかぼちゃの大産地です。寒暖の差が大きいとでんぷん質や糖質が多くなり、ホクホクとして甘みが強くなるので、道東の十勝をはじめ産地がいくつもあります。かぼちゃは北海道の冬を乗り切るために欠かせない野菜で、家によってはひと冬に数十個も食べました。保存はあまり暖かくなく、かといって凍らない程度の場所がよく、玄関や縁側にごろごろと置いてあったそうです。

かぼちゃはゆでたり、蒸してから干したりしました。ゆでかぼちゃは主食のご飯代わりに、干しかぼちゃは甘いのでそのままおやつに食べました。小豆の収穫時期には小豆しるこ。おしるこに生のかぼちゃを切って煮たものです。そして、子どものおやつや来客のもてなしにつくったのがかぼちゃようかんでした。初秋に収穫されたかぼちゃは、保存しているうちにホクホク感が失われてきます。一方、甘みは増してくるので、ゆでて寒天で寄せておいしいお菓子に変身させました。

協力＝村田ナホ
著作委員＝木下教子、村上知子

撮影／高木あつ子

<材料> 15×8cmの流し缶

かぼちゃ…1/8個（正味150g）
砂糖…60g
水…100ml
粉寒天…小さじ1（2g）

<つくり方>

1 かぼちゃは皮をとって3cm大に切り、鍋に入れてひたひたの水でゆでる。
2 竹串がすっと通るようになったらザルにあけ、ボウルに移しマッシャーやフォークの背でつぶす。
3 鍋に分量の水と粉寒天を入れ、木べらでよく混ぜながら煮溶かす。
4 砂糖を加え、砂糖が溶けたら、**2**を加えて底が見えるようになるまで2〜3分煮つめる。
5 流し缶に移し室温または冷蔵庫で固める。型から出して切り分ける。

<材料> できあがり約2.5ℓ分

乾燥テングサ…50g
水…3ℓ
酢…大さじ1
酢醤油、辛子…各適量

<つくり方>

1 テングサは4〜5回よく水洗いし、ゴミをとり除く。
2 たっぷりの水に20分ほど浸す。
3 鍋に水けをきったテングサと分量の水、酢を入れて強火にかける。
4 沸騰したら火を弱め、吹きこぼれない程度の火加減で、ときどきかき混ぜながら約1時間煮る。
5 火を止め、ザルの上に布巾を敷いてこす。
6 こした液を容器に流し入れ、室温で固める。
7 天突きで突くか、食べやすい大きさに切って食べる。好みで酢醤油をかけ、辛子を添える。

天日に干して色素が抜けたテングサ。これを煮てところてんをつくる

テングサ漁期の5〜10月は、島のあちこちで天日干しが見られる

撮影／長野陽一

〈東京都〉

ところてん

東京から160km離れた伊豆諸島の新島(にいじま)や式根島(しきねじま)では上質なテングサがとれ、島の特産品にもなっています。テングサからつくるところてんはしっかりとした歯ごたえと弾力があり、ほんのり磯の香りがします。暑い夏に酢醤油と辛子で食べるとさっぱりとして、小腹が満たされます。市販のところてんを好まない人も、手づくりの独特の弾力に感動し、初めておかわりをしたという人もいるほどです。島では一度にたくさんつくり、おやつというより食べたいときにいつでも食べるもので、切らずにスプーンでそのままかたまりで食べたりもします。

テングサは海から引きあげたものは赤褐色ですが、真水で洗って天日干しにして、また洗って干してを繰り返すうちに色素が抜け、黄色いあめ色になります。解禁を迎えた5月、堤防などで天日干しする風景は絨毯(じゅうたん)を敷きつめたように見え、その濃淡は日を追うごとに変化し美しいものです。

協力＝梅田喜久江、新島村郷土料理研究会、植松育　著作委員＝赤石記子、加藤和子

〈新潟県〉

バタバタ茶

クリーミーな泡が立った香ばしいバタバタ茶をいただくと、軽い塩味がします。農作業などの厳しい労働の合間に飲むお茶だからこその味つけのようです。泡立てたお茶は腹持ちがよいともいいます。

県の西南端で富山県と接する糸魚川地区に古くから伝わる、煮出したお茶を泡立てて飲む点茶・振り茶のひとつです。点てるときの音が名前の由来だそうです。北前船によって出雲の茶人・松平不昧公の飲茶の文化が伝わったとも、真宗本願寺派の蓮如上人が越中を布教した際に儀式で飲んだお茶に由来するともいわれています。主原料はカワラケツメイで、昔から健康茶として飲用されてきました。

かつては各家庭に道具一式があったので、隣近所が集まるとすぐにバタバタ茶が始まりました。囲炉裏を囲みながらありあわせの惣菜や持ち寄ったお茶うけを食べ、おしゃべりするお茶で、堅苦しいものではありません。今は煮出したバタバタ茶をポットに入れて手軽に楽しむ人もいます。

協力＝石田千枝子、勇知栄子
著作委員＝長谷川千賀子、山田チヨ

＜材料＞ つくりやすい分量

バタバタ茶*…25g
水…1.8ℓ
塩…ごく少量

*カワラケツメイ、茶の花、番茶、炒り大豆、麦茶のブレンド茶

バタバタ茶

夫婦茶筅（めおとちゃせん）

抹茶の茶筅とは別。姫竹（ネマガリタケ。山竹ともいう）でつくり、2本を固定して1本として使う

バタバタ茶専用の器

ご飯茶碗より大きく、抹茶茶碗より小さい。出雲・松江藩の御用窯である布志名（ふじな）焼が用いられた。現在は地元糸魚川の焼物を用いている。大きめの茶碗でも代用可

茶筅と器

＜つくり方＞

1 茶葉と水をやかんに入れ、沸騰後、弱火で30分から1時間煮出す。
2 バタバタ茶専用の器に、ほんの少しの塩を入れ（写真①）、煮出したお茶60〜70mℓを入れる（写真②）。
3 膝にタオルをあて器を置く。夫婦茶筅で細かくなめらかな泡が盛り上がるまでバタバタと泡立てる（写真③）。

農作業の合間に気軽に点てて楽しんだ

バタバタ茶とお茶うけ（左からお新香、煮物、煮豆）

撮影／高木あつ子

姿かたちも味もいろいろ
小麦・いも・豆のおやつ

本書に掲載されたおやつ89品を比較してみると、食材の使い方や調理法に、その料理ならではの特徴や地域特性が見えてきます。レシピを読んで、つくって、食べるときに注目すると面白い、そんな視点を紹介します。

●おやつはいつ食べる?

かつて日本人の食事は朝と夕方の1日2回食で、その間食として八つ時(午後2時から3時あたり)に食べる軽食が「おやつ」と呼ばれたといわれます。やがて中世末から近世にかけて徐々に朝昼晩の3回食になっていきます。背景には灯火の普及による1日の活動時間の長時間化や、生活活動の複雑化による労働量の増加などがあるようですが、3回食になってからも間食の習慣とおやつという呼び方は残りました。

本書に登場するおやつの呼び方は小昼：こびる(滋賀p36、熊本p45)、こびり(長野p28、大分p97)、こびれ(大分p47)、小昼飯：こぢゅはん(群馬p11)、こじゅうはん(埼玉p16)などがあります。いずれも農作業の合間に小腹を満たす間食の意味で、必ずしも八つ時だけでなく厳しい労働を支える間食が必要だったことがうかがえます。他にようじゃ(山梨p57)という言い方もあります。隣の静岡では「夕茶」の字をあてるようなので、山梨も同様なのかもしれません。おやつの呼び方から、地域ごとのかつての暮らしぶりへとイメージが広がります。

●離れていても、似ているおやつ

小麦粉でつくられるおやつの形にはさまざまなバリエーションがあります。幅広の麺のようにのばしてきな粉と砂糖で甘みをつけて食べるのは福岡ではごろし(p43)、大分ではやせうま(p46)と呼ばれますが、これらは隣り合った県なので、似たような食べ方があるのも当然かもしれません。ただ、呼び方はずいぶん違います。

離れた地域でも似たようなおやつがつくられていることがあります。埼玉のゆでまんじゅう(p14)と大分のゆでもち(p47)は、どちらもあんを包んだ生地を平たくのばしてゆでてつくります。丸くつくるより早く火が通るから、という理由も共通していて、農作業の合間に手早くお腹を満たすためのつくり方であることがわかります。埼玉はゆでた後に冷水にとることでなめらかな口当たりになり、大分は皮が破れないようにしながらどれだけ薄く大きくつくれるかが腕の見せどころというように、それぞれのこだわりをもってつくられてきました。

p123の都道府県別掲載レシピ一覧の地図を見ると、中部・関東と九州という小麦産地からの掲載料理が多いことがわかります。小麦利用の頻度の高い地域で、似たようなおやつがつくりだされてきたのでしょうか。

もっと似ているのが岩手のがんづき(p8)と徳島のほたようかん(p40)、鹿児島のふくれがし(p48)です。生地を重曹もしくはベーキングパウダーでふくらませて蒸し上げたふわふわ、もちもちのおやつで、いずれも黒砂糖や玉砂糖を使うので、できあがりは茶色になります。蒸し器で大きく丸くつくるので、切り分けた形もそっくりです。東北と四国と九州で同じようなおやつがつくられてきた必然性のようなものがあるのかどうか、興味深いところです。

●塩味のおやつ

塩味のおやつも各地で紹介されています。埼玉のたらし焼き(p16)や長野のにらせんべい(p28)は、生地に味噌や味噌漬けの野菜で味をつけて平たく焼いたもの。手軽なおやつ・間食でした。大阪のたこ焼き(p32)、いか焼き(p34)や広島のお好み焼き(p35)は家でもつくりますが、店や祭りの屋台で買うことも多くなっています。焼けたソースの香りが食欲をそそります。

もっと食べごたえのあるものとしては長野

のおやき（p26）があります。味噌や塩で味つけした野菜やいもをあんとして包みます。長野には塩さんまを包んだそばだんご（p54）もあります。

そば粉と里芋でつくる愛知のけいもち（p56）や大豆入りの塩味の生地をゆでた熊本の豆だご（p45）は主食代わりにも食べられました。千葉のいももち（p81）や福岡のじゃがまんじゅう（p92）は醤油味や塩味で食べ、いかにもボリュームがありそうです。

新潟のバタバタ茶（p114）は、お茶自体にも薄い塩味をつけます。泡立てたお茶は腹持ちがよいそうで、身体を使って働いていた庶民にとって、塩味のおやつがもっていた意味を思い出させてくれます。

●小さくつくるか、ねかせてつくるか

おもに小麦粉を使った「○○もち（まんじゅう）」の1個当たりの生地（粉）重量を見ていくと、いばらもち（p31）の15gから焼きもち（p11）の80g超まで幅広いことがわかります。生地重量が大きくなれば中身のあん重量も増える傾向にあります。農作業の合間には手早くつまめるように比較的小型のものがつくられ、ハレの日や祭りには大きくふっくらしたものが好まれたのかもしれません。

小麦粉の生地をこねて成形したらすぐに加熱するものにはかますもち（p6）やうでまんじゅう（p10）、豆だご（p45）があります。これは、手がかからず少し時間があればつくる日常的なおやつの代表的なものです。生地をねかせたり発酵させるものとしては、ゆでまんじゅう（p14）や酒まんじゅう（p21、22）があります。これらは農作業が一段落して余裕があるときや、もてなしの際につくられます。

ねかせることにより、生地の伸展性や粘弾性が向上し、のびやすく、粘りのある生地へと変化します。また、発酵の過程を経ると味や香りの新たな成分も生まれ、風味も向上しています。

●現代に伝わる雑穀の食べ方

米や小麦が十分にはとれなかった地域で人々の主食となったのは、そばなどの雑穀といも類でした。本書でも、おもに山間地で伝えられてきたおやつとしてそば粉を使った間食が紹介されています。岩手のうちわもち（p52）、長野のそばだんご（p54）、愛知のけいもち（p56）はいずれも囲炉裏や七輪で香ばしく焼いています。静岡のとじくり（p55）は「甘いそばがきのようなもの」と紹介されていて、これらのレシピから、そば粉のおやつをおいしく食べるヒントがうかがえそうです（写真①②）。

また、山梨のもろこしだんご（p57）で使われるとうもろこしは、現代のスイートコーンのように甘くはない、主食用の甲州もろこしという地域の在来品種で、それを粉にしてだんごにしたものです。鮮やかな黄色が目を引きます。やはり山間地である静岡の水窪（みさくぼ）でも、在来のとうもろこし（とうきび）をひいた「きび粉」で柏もちをつくっていました（写真③）。

大麦（はったい粉）の利用例は、本書では香川のおちらし（p58）だけが紹介されていますが、「こうせん」「麦こがし」などと呼んで各地で広く食べられてきました。

●大豆や小豆の使い方

豆を使ったおやつでは、大豆はあんになる

①青森県南部地域の串もち（レシピ掲載なし）。そば粉でも小麦粉でもつくる。甘いじゅね（えごま）味噌の焼けた香りが魅力。（協力・さんのへ農産加工友の会／著作委員・澤田千晴）（撮影／五十嵐公）

②たくさん焼くときは、炭火の回りに串もちを立てて並べられるあぶり焼き器が活躍する。（同右）

静岡県の山間地水窪（みさくぼ）の柏もち（レシピ掲載なし）。端午の節句につくる。粉はもろこしの粉で、包む葉は朴葉。（協力・猪原寿美子／著作委員・川上栄子、神谷紀代美）（撮影／五十嵐公）

ことは多くないのですが、おやつとしては滋賀の幸福豆（p71）のように炒ってアクセントとして使ったり、岐阜の甘々棒（p68）のようにきな粉で使ったりします。

珍しいのは大豆の仲間である青平豆を使用した岩手の豆すっとぎ（p61）、青豆を使った青森の豆しとぎ（p62）で、生の米粉と豆を合わせるというものです。どちらも現在では秋から冬にかけてのおやつとして食べられていますが、「しとぎ」はもともとは神様への供え物だったそうです。その他、豆腐を使う秋田の豆腐カステラ（p67）と静岡の味つけがんも（p72）も大豆からできたおやつの一種で、どんな味なのか、一度試してみたくなります。

小豆あんともち米を混ぜてついた秋田の小豆でっち（p66）、炒った小豆を粉にひいて砂糖を加えて湯で練った静岡の小豆たてこ（p69）のように、あんで使う以外の使い方も知ることができます。岡山のぶんずぜんざい（p70）は緑豆を小豆のように使ったもので、小豆よりもあっさりとして食べやすいそうです。

●じゃがいものおやつ　食感のちがい

じゃがいもを使ったおやつでは、北海道からゆでてつぶしたじゃがいもを使うどったらもち（p74）といもだんご（p76）、馬鈴薯でんぷん（かたくり粉）を使うジャージャー焼き（p77）の3品が紹介されています。どったらもちといもだんごは、いもをゆでる工程は同じですが、どったらもちは冷ましてから、いもだんごは熱いうちにつぶします。その温度の違いが、食感に大きく影響します。冷ましてからいもをつぶすと、とても力はいりますがもったりした粘りのある食感が得られます。いもだんごの方はそのままではいわばマッシュポテトですが、かたくり粉が加わることでなめらかな食感になるようです。

ジャージャー焼きは甘い煮豆とでんぷんでつくるおやつです。馬鈴薯でんぷんは、他のでんぷんと比較して、粘度が高い性質をもっていますので、もちもちした感じが味わえるでしょう。

栃木のいっそもち（p80）もじゃがいもからつくるおやつです。熱いうちにつぶしたじゃがいもだけでつくるので、じゃがいも本来のほくほくした食感が味わえそうです。

●さつまいも　多様な保存法と甘み

さつまいもは低温だと腐り、温かいと芽が出てしまうので、保存のためにさまざまに工夫されてきました。土間や庭先に掘ったいもつぼ（高知p89）や床下に掘ったいもがま（愛媛p88、大分p97）などと呼ばれる貯蔵庫は温度が安定するので、収穫から6カ月以上も保存することができたそうです。また、粉にすることで水分量を少なくし、保存する方法（p91、97）も紹介されています（写真④）。p122の「調理科学の目2」でも触れられているように、生で干したりゆでてから干したり、粉にしたりと多様な加工・保存の工夫がされています（写真⑤）。

干しいもは静岡の切り干しいも（p84）のように真っ白に粉をふかせたものもあれば、茨城の干しいも（p79）や高知のひがしやま（p90）のように粉のないタイプもあります。美しく切るためにピアノ線や釣り糸を使うなどのコツも紹介されています。

埼玉県さいたま市のさつまいも粉だんご（レシピ掲載なし）。粘りはなく、もそっとした食感とほんのりとした甘みで、形は自由。（協力・井上トミ、森久マサ／著作委員・加藤和子）（撮影／長野陽一）

⑤
鹿児島県枕崎市のこっぱだご（レシピ掲載なし）。ゆで干しいものこっぱ（p98）をことこと煮る。甘みが凝縮されたおいしさ。小豆やそら豆が入る。（協力・立石愛子／著作委員・山下三香子）（撮影／長野陽一）

さつまいもはとくに甘みの素材として貴重だったようです。干しいもづくりでいもを蒸したりゆでたりした汁が凝縮されて水あめのようになって子どもがなめたり、麦芽を加えてあめにしたという話も紹介されています。さつまいもの甘さをそのまま利用したのは埼玉のさつまいもの茶巾しぼり（p82）や山口のよもぎ飯（p85）で、さつまいものペーストを主体にしたお菓子や間食になっています。

●粘りけを生かす里芋

里芋は、他のいもにはない粘りけを利用したものが紹介されています。千葉のいももち（p81）は里芋と米粉を混ぜてこねて、もちもちとしながら歯切れもよく、高齢者でも食べやすいとされています。高知のけんかもち（p89）は里芋とさつまいもが半分ずつ入るものです。２種のいもを合わせるところからけんかもちという名前になったそうです。ぱさつかず、ほどよいやわらかさになるといいます。日本人はもちもちとしたやわらかさを好む傾向が強いようですが、適度な粘りをもちながらも噛み切りやすく、のどにつかえたりしにくいおやつは、これからの超高齢時代にはますます大事なものになりそうです。

●果物と木の実を長く食べる

古くは菓子の字は果子と書き、果物や木の実のことだったといわれています。いわばおやつの元祖です。

果物のおやつの中で、シロップで煮たり漬けたりしたものは、煮りんご（p100）、桃のシロップ煮（p103）、あんずのシロップ漬け（p104）があります。煮りんごでは水に対して20％の砂糖を加えたシロップで煮ています。桃の場合は33％、あんずでは１００％の砂糖が加えられています。これらの配合は、素材の甘みと酸味のバランスや、甘みの少ないものを利用していることも影響していると考えられます。また、一気に収穫期を迎える生鮮品を長持ちさせる工夫がされたおやつでしょう。

果物に直接砂糖をかけて加熱するものは、ゆず甘煮（p101）、びわの砂糖煮（p102）があります。長野のかりんの砂糖漬け（p105）は、砂糖と少量の塩を混ぜた中にかりんの薄切りをそのまま入れていく方法です。砂糖を直接加えて加熱するのは浸透圧が作用し、果物の細胞内の水分を引きだし、果肉をやわらかくするとともに保存性を高めるもので、ジャムやマーマレードなどの製法です。びわの砂糖煮はジャムの製法と同じようですが、煮る時間等に違いが見られます。ゆずの甘煮は、風味づけ以外にもゆずをたっぷり使える地元ならではの食べ方ではないでしょうか。かりんはもともとかたくて生食できないものですが、砂糖漬けにすることでやわらかく食べられる状態に変化します。

干して保存するのが干し柿（p106）と干し栗（p107）です。素朴なおやつですが、水分量が少なくなっているので、長期間保存して食べられるメリットがあります。長野のどんぐりを使ったひだみ（p108）は、アクが強いので生で食べることができず、木灰でアクを抜いて使います。手間ひまかけてつくり上げられるひだみもちとひだみあん、先祖からの知恵がたっぷり詰まっています。

＊　＊　＊

おやつは、もともとは地元でとれた麦やいも、自家製の味噌などシンプルな材料でつくられてきました。現代では生地に白玉粉を加えて食感を改良した鬼まんじゅう（p29）やもろこしだんご（p57）、小さくつくるようになったにらせんべい（p28）やうちわもち（p52）といった変化もあります。暮らしの中でおやつのもつ意味も変わってきていますが、その地域の気候や風土に育まれてきたおやつを、これからも大切に受け継いでいきたいものです。

（東根裕子）

調理科学の目 1

小麦粉でつくるおやつ
～「生地」と「あん」の特性

大越ひろ（日本女子大学名誉教授）

日本には戦前から、主食としてはうどんやすいとん、間食としてまんじゅうやだんごといった形で小麦を使う食文化がありました。戦後、アメリカから救援物資として供給された小麦粉が学校給食のパンなどになりました（※1）。また食生活の洋風化に伴い、家庭における小麦粉の利用もパンやケーキ、焼き菓子などに変化していくのですが、本書に掲載した料理を聞き書きした時代（1960年から70年）では、まだオーブンなどを手軽に利用できなかったので、蒸す、ゆでるなどの伝統的な加熱操作で調理していました。

小麦粉はおよそ7割のでんぷんと1割前後のたんぱく質を含んでいます。その成分を生かしてさまざまなおやつがつくられてきたのです。洋菓子づくりに向く薄力粉はかつて〝メリケン粉〟と呼ばれ、〝うどん粉〟〝地粉〟などと呼ばれる中力粉タイプが多かった在来の小麦粉とは区別されていました。

●生地の水分量と「ねかせ」

小麦粉でつくる生地のかたさは加える水の量で決定されます。小麦粉の重量に対して50～60％の水を加えると、まんじゅうの皮に適した生地（ドウ）になります。地域によっては熱湯を加える場合があります。この場合、熱湯によってでんぷんがある程度糊化し粘りが多少でるため、もっちりとした食感になるようです。

小麦粉に対して160～200％くらいの水を加えるとリボン状に流れるような生地（バッター）になり、桜もち（p19）の皮に適したかたさになります。

水を加えて混ぜた後に「ねかせる」工程を経る場合もあります。これには水分を均一に浸透させる「水和」の作用と、こねてかたくしまった状態がしばらく放置することでゆるみ、引っ張ってもちぎれずなめらかにのびるようになる「緩和」の作用とがあります。

●グルテンの形成と利用

小麦粉は、含有するたんぱく質の量によって4種類ほどに分類されます。表にあるように（※2）、たんぱく質含量や粒度などで、小麦粉の品質は決まります。

たんぱく質含量によって、できあがるお菓子は異なります。本書ではもっともたんぱく質の少ない薄力粉はがんづき（p8）や桜もちなどに利用されています。中力粉は炭酸まんじゅう（p12）、酒まんじゅう（p21、22）、おやき（p26）などに用いられています。一方で、強力粉はたんぱく質含量が多いため、生地に空気を包み込む力が強く、焼くことで弾力性に富んだスポンジ状の構造になることからパン類に利用されています。

小麦粉と水を混ぜるとたんぱく質が水を吸ってふくれ、こねることで粘性のあるたんぱく質と弾力のあるたんぱく質が絡み合ったグルテンが形成されます。よくこねるとグルテンの網目構造がさらに発達し粘りと

表　小麦粉の種類と性質、和菓子への主な用途

種類	たんぱく質含量（%）	麸質	粒度	和菓子への主な用途
強力粉	11.0～13.5	強靭	粗い	
準強力粉	10.5～11.5	強い	やや粗い	酒まんじゅうに薄力粉と混ぜて用いる
中力粉	8.0～10.0	やや軟	やや細かい	栗まんじゅう類
薄力粉	7.0～8.5	軟弱	細かい	桜もち、どら焼き、まんじゅう類

出典　高橋節子：『和菓子の魅力』一部改変

弾力がいっそう強くなります。

　ねかせることで網目構造をさらに発達させ、よくふくらむ生地になります。ねかす時間は生地のかたさによって異なり、まんじゅうの生地では30分以上、桜もちの皮に適したバッターでは20分以上必要です。桜もちの生地はふくらませるわけではありませんが、グルテンの網目構造を発達させることでなめらかにのびる生地になります。

●生地をふくらませる

　よくのびるようになった生地をふくらませることで、やわらかい食感のまんじゅうなどができます。生地の中では、膨化剤から発生する炭酸ガスがグルテンによって形成された膜に閉じ込められ、スポンジ状の構造をつくります。地粉を使ったまんじゅうや蒸しパンなどでは重曹（炭酸水素ナトリウム。弱アルカリ性）を使うことが多く、加熱後に重曹のにおいが残ったり、できあがりの色も黄色がかったものになります。これは、小麦粉中のフラボノイドという色素が重曹によって発色するためなので、食酢（弱酸性）を加えることで、防ぐことができます。酢を加えることで炭酸ガスの発生も促進されるのでふくれやすくなります。この工夫を工業的に再現したのがベーキングパウダーで、炭酸水素ナトリウムにクエン酸他の酸性剤などを加えています。パンなどのように、強力粉を使った生地はかたく膨化しにくいので、発酵力が強いパン酵母（イースト）を使います。

●グルテンの量がかたさと味を変化させる

　同じ材料配合で、たんぱく質含量を変化させた小麦粉を使って、クッキーを焼いて食べ比べ（官能評価）をした結果を紹介します（※3）。

　強力粉（たんぱく質含量約12％）、薄力粉（約8％）、小麦でんぷん（0％）および、薄力粉と小麦でんぷんを1対1の割合で混合した準薄力粉（約4％）を用いて、10％の砂糖を加えたクッキー4種をつくりました。それを24人に食べてもらい、かたさと甘さを評価しました（図。平均値）。

図　クッキーの甘さとかたさの関係

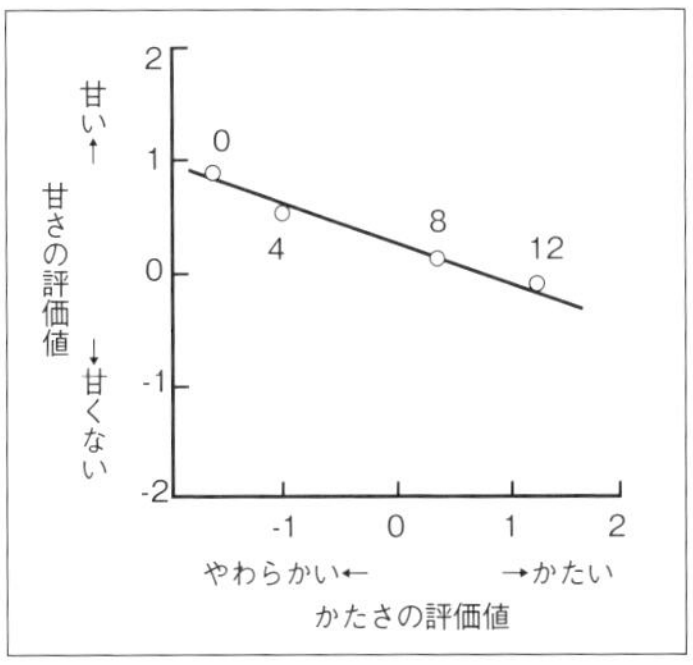

甘い↑
甘さの評価値
↓甘くない
やわらかい←　→かたい
かたさの評価値

図中の数字は小麦粉中のたんぱく質含量

　4種類のクッキーの砂糖の量は等しいのですが、たんぱく質の量が少ないものほどやわらかく、しかも甘いと感じていることがわかります。

　小麦でんぷんでつくったクッキー（0％）は歯で噛んだときに砕けやすく、しかも、唾液に混ざりやすいため、十分にクッキーの甘み（砂糖）が唾液に溶けだし、甘みが強いと感じていました。一方、かたいクッキー（12％）は歯で砕いても、粗い粒の状態で、唾液と混ざりにくいため、甘みが弱く感じられたといえます。これは洋菓子での研究ですが、本書に紹介されているようなおやつについて調べてみるのも興味深いことです。

●〝あん〟に適した豆

　あんはでんぷんの多い材料を煮て砂糖を加え、さらに練りながら煮つめたものです。材料にはいも類も用いられますが、豆とくに小豆が多く利用されます。本書では小豆の他にそら豆やいんげん豆の仲間が用いられています。大豆はたんぱく質や油脂に富み、でんぷんの含量が少ないのであんにはなりにくく、おやつに使う場合は、きな粉での利用が多くなっています（※4）。

　小豆やいんげん豆など、でんぷん質に富んだ豆類を煮ると、細胞膜で仕切られた細胞の中にあるたんぱく質が熱で凝固して、細胞中のでんぷん粒子を包み込みます。その状態で熱せられて、でんぷんが糊化したものが〝あん粒子〟で、あん特有の食感をつくりだしています。豆の種類によってでんぷんの成分にも差があり、小豆は他の豆に比べると、練りあんにしたときに比較的やわらかく、かつさらりとした食感に仕上がるといった差がでてくるようです。

　長年親しまれてきた家庭料理のおやつは、素材の違いを感じながらそれぞれにおいしさを引きだすための工夫が込められているのです。

【※1】新谷尚紀・関沢まゆみ編『民俗小事典　食』（吉川弘文館）（2013年）
【※2】高橋節子著『和菓子の魅力―素材特性とおいしさ―』（建帛社）（2012年）
【※3】赤羽ひろ、和田淑子「クッキーの性状に及ぼす小麦粉中のグルテンの影響」『日本食品工業学会誌』第34巻第7号（1987年）
【※4】日本調理科学会編『料理のなんでも小事典』（講談社）（2008年）

対馬の"せん"。発酵を伴う独特の加工で粉にし、鼻高だんご状にして保存する。(写真／片寄眞木子)

調理科学の目2

さつまいも今昔の感

片寄眞木子(神戸女子短期大学名誉教授)

伝統的なさつまいも料理の多彩さ

『聞き書 長崎の食事』(※1)の編集・執筆に参加したときに、さつまいも利用の巧みさ、多彩さに驚きました。いも寄せ、つきあげ(蒸しいもを焼く、揚げる→p94)、どんだへもち(蒸しいもともち米のもち)、だご、ろくべえ(生干しいも粉からつくる)、かんころもち(ゆで干しいもともち米のもち→p96)、呉豆腐(いもでんぷんと豆乳)、いもあめなど。さらに対馬には、せん(発酵を伴う独特な加工法のいも粉→p95)という製法が伝わっており、これでろくべえ(うどん状の押し出し麺)やだんごをつくると、いも臭が少なく、コシの強い触感を味わうことができました。松本ら(※2)は、物性測定の数値から、せんのゲルはさつまいも粉のゲルより硬く弾力があり、工業的に精製されたさつまいもでんぷんのゲルに近い性状であると紹介しています。

半島と離島という地形から水田が少なく、さつまいもと麦の畑作が生産の主体であった昭和初期の長崎県では基本的な食糧をこれらに負うところが大きかったのです。さつまいもを主食、おやつ、行事食として飽きずに食べ、保存するための知恵がこれほど多様な加工法や多彩な料理を生み出したのでしょう。

新時代を迎えたさつまいも

戦後の食糧難が解消されて米が主食の座を占めるようになるとさつまいもの消費量は減少していきました。

当時の日本の食用(青果用)さつまいもの作付品種は、関西までの西日本では高系14号(鳴門金時など)、東日本では農林1号やベニアズマなどいずれもほくほく(粉質)系が中心でしたが、2000年頃から消費者の嗜好に変化があらわれ、ねっとり(粘質)系の甘くてやわらかいさつまいもが好まれるようになります。ベニハルカやベニマサリといった改良品種が登場し、種子島産の安納芋にも人気が集まってきました(※3)。

蒸しいもや焼きいものようなシンプルな調理法で手軽においしく食べられるいもが、おやつ(スイーツ)として用いられるようになったのです。また、健康増進という観点からも、食物繊維やビタミン、ミネラルを多く含み、低GI(食後の血糖値の上昇がゆっくりなこと)などとさつまいもが注目されています。

抗酸化力をもつアントシアニンやβカロテンの含有量が高いパープルスイートロード(紫色)やアヤコマチ(オレンジ色)は美しさと機能性を兼ね備えた新品種です。また、電子レンジを用いた短時間調理でも甘くなる特性をもつのがクイックスイート。これは、でんぷんの糊化が始まる温度が従来のさつまいもより20℃くらい低いため、糖化酵素が早くから働いて、短い加熱時間で麦芽糖が増えるからです。そんな、時代に合った品種も次々と開発されています。

流通面でも、キュアリング処理(腐敗の元となる収穫時の傷口の処置方法)や、10℃以下の低温による腐敗と15℃以上での発芽を防ぐ定温・定湿貯蔵庫(13℃、湿度90%)などの貯蔵技術の開発で、一年中、新鮮で美味なさつまいもが入手できるようになりました。

伝統的な利用方法に新しい視点からの工夫が加えられて、さつまいも利用の幅が大きく広がる時代を迎えているといえましょう。

【※1】月川雅夫他『聞き書 長崎の食事』(農文協)(1985年)
【※2】松本美鈴他「対馬の伝統食品せんの調理性」『日本調理科学会誌』第49巻第1号(2016年)
【※3】山川理『サツマイモの世界 世界のサツマイモ』(現代書館)(2017年)

都道府県別　掲載レシピ一覧

●1つが掲載レシピ1品を表します。

※甘味料以外の調味料、油は含めない。項目、素材ごとに五十音順。

種実

海藻

甘味料

茶

卵・牛乳・乳製品

野菜

野草・木の葉

魚介・魚介加工品

漬物

膨張剤

小麦・小麦加工品

米・米加工品

雑穀加工品

いも・いも加工品

豆・豆加工品

果物

本文中に掲載した協力者の方々以外にも、調査・取材・撮影等でお世話になった方々は各地にたくさんおいでです。ここにまとめて掲載し、お礼を申し上げます。（敬称略）

北海道
浦木明子、松前町農漁村生活改善グループ、松前町教育委員会、前田正憲

青森県
弘前地区生活改善グループ連絡協議会、各地域県民局地域農林水産部農業普及振興室、笹森得子

岩手県
三浦静子、三浦栄子

宮城県
髙橋睦子、栗原市食生活改善推進員協議会花山分会、木幡みつよ、佐藤ケイ子

秋田県
菓子司つじや

茨城県
高野千代子、深作加代子、山口雅子、薄井眞理子

栃木県
仁村さち子

群馬県
太田市食生活改善推進員協議会沢野地区南町会員

埼玉県
新井幸恵

神奈川県
大神田貞子、大神田澄子

新潟県
関タカ子、白澤恵子

山梨県
栗田恭子、すみれの会、石川美鈴、上野原市食生活改善推進員協議会

長野県
馬場よし子、松澤しづ恵

岐阜県
吉田はつゑ、市橋さめ子、出村政子、土屋正子、幅節子、宮地富子、宮地いつ子、日比野りつ子、土本範子、勝股恵子、土方紀代子

京都府
橋本範子、小川貞子、石橋セツ子

大阪府
南口昌太郎、狩野敦、倉田裕子、山本善信・桂子、川勝晴美

奈良県
寺田秀子、片岡リヨ子

和歌山県
和歌山県伊都振興局・大東京子、山本鈴代、松井カヨ子

広島県
宮岡美津子

徳島県
吉野喜子、兵崎幸枝、福井初江、豊崎淑子、柳瀬喜久子

愛媛県
松山市食生活改善推進協議会難波支部（渡部邦子、渡部弥生、萩山智恵子、渡部節子、渡部恵子、大星アツ子 他）、川端和子

高知県
松﨑淳子、小松利子、坂本正子

福岡県
福岡県八女普及指導センター・坂井千代子

長崎県
長崎県栄養士会諫早支部、対馬市健康づくり推進部いきいき健康課、新上五島町教育委員会文化財課・髙橋弘一

宮崎県
田中洋子、濱田洋光、濱田寛子

鹿児島県
川口和美、花井妙衣、鹿児島県立短期大学

沖縄県
矢野裕子

「伝え継ぐ 日本の家庭料理」各都道府県著作委員会の著作委員一覧（2018年4月現在）

北海道 菅原久美子（札幌国際大学短期大学部）／菊地和美（藤女子大学）／坂本恵（札幌保健医療大学）／木下教子（北翔大学）／土屋律子（元北翔大学）／藤本真奈美（光塩学園女子短期大学）／村上知子（元北海道教育大学）／山口敦子（天使大学）／佐藤恵（光塩学園女子短期大学）／伊木亜子（函館短期大学）／畑井朝子（元函館短期大学）／宮崎早花（酪農学園大学）／田中ゆかり（光塩学園女子短期大学）

青森県 北山育子（東北女子短期大学）／安田智子（東北女子短期大学）／真野由紀子（東北女子短期大学）／熊谷貴子（青森県立保健大学）／今井美和子（東北栄養専門学校）／澤田千晴（東北女子短期大学）／下山春香（東北女子短期大学）

岩手県 髙橋秀子（修紅短期大学）／長坂慶子（岩手県立大学盛岡短期大学部）／魚住惠（元岩手県立大学盛岡短期大学部）／菅原悦子（岩手大学）／村元美代（盛岡大学）／松本絵美（岩手県立大学盛岡短期大学部）／岩本佳恵（岩手県立大学盛岡短期大学部）／渡邉美紀子（修紅短期大学）／冨岡佳奈絵（修紅短期大学）／佐藤佳織（修紅短期大学）／阿部真弓（修紅短期大学）

宮城県 高澤まき子（仙台白百合女子大学）／野田奈津実（尚絅学院大学）／和泉眞喜子（尚絅学院大学）／宮下ひろみ（東都医療大学）／濟渡久美（東北生活文化大学短期大学部）／矢島由佳（仙台白百合女子大学）

秋田県 髙山裕子（聖霊女子短期大学）／熊谷昌則（秋田県総合食品研究センター）／長沼誠子（元秋田大学）／山田節子（聖霊女子短期大学）／三森一司（聖霊女子短期大学）／髙橋徹（秋田県総合食品研究センター）／逸見洋子（秋田大学）／大野智子（青森県立保健大学）／駒場千佳子（女子栄養大学）

山形県 齋藤寛子（山形県立米沢栄養大学）／宮地洋子（仙台青葉学院短期大学）／平尾和子（愛国学園短期大学）／佐藤恵美子（元新潟県立大学）

福島県 阿部優子（郡山女子大学短期大学部）／加藤雅子（郡山女子大学短期大学部）／會田久仁子（郡山女子大学短期大学部）／石村由美子（元郡山女子大学短期大学部）／中村恵子（福島大学）／横田和子（郡山女子大学）／津田和加子（桜の聖母短期大学）／福永淑子（文教大学）

茨城県 渡辺敦子（茨城キリスト教大学）／荒田玲子（常磐大学）／吉田恵子（つくば国際大学）／石島恵美子（茨城大学）／飯村裕子（常磐大学）／野口元子

栃木県 名倉秀子（十文字学園女子大学）／藤田睦（佐野日本大学短期大学）

群馬県 綾部園子（高崎健康福祉大学）／堀口恵子（東京農業大学）／神戸美恵子（高崎健康福祉大学）／阿部雅子（東都医療大学）／高橋雅子（明和学園短期大学）／永井由美子（元明和学園短期大学）／渡邉靜（明和学園短期大学）

埼玉県 島田玲子（埼玉大学）／河村美穂（埼玉大学）／土屋京子（東京家政大学）／加藤和子（東京家政大学）／成田亮子（東京家政大学）／名倉秀子（十文字学園女子大学）／木村靖子（十文字学園女子大学）／松田康子（女子栄養大学）／駒場千佳子（女子栄養大学）／徳山裕美（帝京短期大学）

千葉県 渡邊智子（千葉県立保健医療大学）／柳沢幸江（和洋女子大学）／今井悦子（聖徳大学）／石井克枝（淑徳大学）／中路和子／梶谷節子／大竹由美

東京都 加藤和子（東京家政大学）／宇和川小百合（東京家政大学）／赤石記子（東京家政大学）／伊藤美穂（東京栄養食糧専門学校）／色川木綿子（東京家政大学）／大久保洋子（元実践女子大学）／香西みどり（お茶の水女子大学）／佐藤幸子（実践女子大学）／白尾美佳（実践女子大学）／成田亮子（東京家政大学）

神奈川県 櫻井美代子（東京家政学院大学）／大越ひろ（元日本女子大学）／増田真祐美（成立学園高等学校）／大迫早苗（相模女子大学）／酒井裕子（相模女子大学）／清絢／小川暁子（神奈川県農業技術センター）／河野一世（奈良食と農の魅力創造国際大学校）／津田淑江（元共立女子短期大学）

新潟県 佐藤恵美子（元新潟県立大学）／太田優子（新潟県立大学）／立山千草（新潟県立大学）／山口智子（新潟大学）／伊藤直子（新潟医療福祉大学）／玉木有子（大妻女子大学）／伊藤知子（新潟県栄養士会）／小谷スミ子（元新潟大学）／山田チヨ（新潟県栄養士会）／松田トミ子（新潟県栄養士会）／長谷川千賀子（悠久山栄養調理専門学校）／渡邊智子（千葉県立保健医療大学）

富山県 深井康子（富山短期大学）／守田律子（富山短期大学（非））／原田澄子（金沢学院短期大学）／稗苗智恵子（富山短期大学）／中根一恵（富山短期大学）

石川県 新澤祥惠（北陸学院大学短期大学部）／川村昭子（元金沢学院短期大学）／中村喜代美（北陸学院大学短期大学部（非））

福井県 佐藤真実（仁愛大学）／森恵見（仁愛女子短期大学）／谷洋子（元仁愛大学）／岸松静代（元仁愛女子短期大学）

山梨県 時友裕紀子（山梨大学）／柘植光代（日本大学短期大学部（非））／阿部芳子（元相模女子大学）／松本美鈴（大妻女子大学）／坂口奈央（山梨県立北杜高等学校）

長野県 中澤弥子（長野県立大学）／吉岡由美（長野県短期大学）／高崎禎子（信州大学）／小木曽加奈（長野県立大学）／小川晶子（長野県立大学）

岐阜県 堀光代（岐阜市立女子短期大学）／西脇泰子（岐阜聖徳学園大学短期大学部）／長屋郁子（岐阜市立女子短期大学）／坂野信子（東海学園大学（非））／木村孝子（東海学院大学）／辻美智子（名古屋女子大学）／横山真智子（各務原市立桜丘中学校）／山根沙季（中京学院大学短期大学部）／長野宏子（元岐阜大学）

静岡県 新井映子（静岡県立大学）／高塚千広（東海大学短期大学部）／市川陽子（静岡県立大学）／伊藤聖子（静岡県立大学）／神谷紀代美（浜松調理菓子専門学校）／川上栄子（常葉大学）／清水洋子（静岡英和学院大学短期大学部）／竹下温子（静岡大学）／中川裕子（日本大学短期大学部）／村上陽子（静岡大学）

愛知県 西堀すき江（東海学園大学）／小出あつみ（名古屋女子大学）／近藤みゆき（名古屋文理大学短期大学部）／石井貴子（名古屋文理大学短期大学部）／小濱絵美（名古屋文理大学短期大学部）／加藤治美（名古屋文理大学短期大学部）／山内知子（名古屋女子大学）／松本貴志子（名古屋女子大学短期大学部）／間宮貴代子（名古屋女子大学）／伊藤正江（至学館大学）／森山三千江（愛知学泉大学）／山本淳子（愛知学泉短期大学）／野田雅子（愛知淑徳大学（非））／菱田明香（名古屋市立大学病院）／亥子紗世（元東海学園大学）／筒井和美（愛知教育大学）／熊谷千佳（東海学園大学）

三重県 磯部由香（三重大学）／飯田津喜美（三重短期大学）／水谷令子（元鈴鹿大学）／成田美代（元三重大学）／平島円（三重大学）／久保さつき（鈴鹿大学）／鷲見裕子（高田短期大学）／乾陽子（鈴鹿大学短期大学部）／駒田聡子（皇學館大学）／阿部稚里（三重短期大学）／奥野元子（元島根県立大学短期大学部）／萩原範子（元名古屋学芸大学短期大学部）／小長谷紀子（安田女子大学）

滋賀県 中平真由巳（滋賀短期大学）／高橋ひとみ（滋賀短期大学）／石井裕子（武庫川女子大学（非））／小西春江（園田学園女子大学短期大学部）／久保加織（滋賀大学）／堀越昌子（京都華頂大学）

京都府 豊原容子（京都華頂大学）／湯川夏子（京都教育大学）／河野篤子（京都女子大学）／桐村ます美（元成美大学短期大学部）／坂本裕子（京都華頂大学）／米田泰子（元京都ノートルダム女子大学）／福田小百合（京都文教短期大学）

大阪府 東根裕子（甲南女子大学）／八木千鶴（千里金蘭大学）／阪上愛子（元堺女子短期大学）／澤田参子（元奈良文化女子短期大学）／原知子（滋賀短期大学）／山本悦子（大阪夕陽丘学園短期大学）

兵庫県 田中紀子（神戸女子大学）／片寄眞木子（元神戸女子短期大学）／坂本薫（兵庫県立大学）／富永しのぶ（兵庫大学）／本多佐知子（金沢学院短期大学）／中谷梢（学）（兵庫県立大学）／作田はるみ（神戸松陰女子学院大学）／原知子（滋賀短期大学）

奈良県 喜多野宣子（大阪国際大学）／志垣瞳（帝塚山大学（非））／三浦さつき（奈良佐保短期大学）／島村知歩（奈良佐保短期大学）

和歌山県 青山佐喜子（大阪夕陽丘学園短期大学）／三浦加代子（園田学園女子大学）／川原崎淑子（元園田学園女子大学短期大学部）／橘ゆかり（神戸松蔭女子学院大学）／川島明子（園田学園女子大学）／千賀靖子（元樟蔭東短期大学）

鳥取県 松島文子（鳥取短期大学）／板倉一枝（鳥取短期大学）

島根県 石田千津恵（島根県立大学）／藤江未沙（松江栄養調理製菓専門学校）

岡山県 藤井わか子（美作大学短期大学部）／青木三恵子（山陽学園短期大学）／小川眞紀子（ノートルダム清心女子大学）／槇尾幸子（元中国学園大学）／大野婦美子（くらしき作陽大学）／藤堂雅恵（研）（美作大学）／人見哲子（美作大学）／新田陽子（岡山県立大学）／我如古菜月（岡山県立大学）／加賀田江里（中国短期大学）／藤井久美子（山陽学園大学）

広島県 岡本洋子（広島修道大学）／村田美穂子（広島文化学園短期大学）／渡部佳美（広島女学院大学）／石井香代子（福山大学）／奥田弘枝（元広島女学院大学）／海切弘子（広島文化学園短期大学）／上村芳枝（比治山大学（非））／木村留美（広島国際大学）／近藤寛子（福山大学）／渕上倫子（元福山大学）／前田ひろみ（広島文化学園短期大学）／木村安美（中村学園大学）／高橋知佐子（福山大学（非））／塩田良子（広島文教女子大学）／政田圭子（元鈴峯女子短期大学）／小長谷紀子（安田女子大学）／山口享子（中国学園大学（嘱））／北林佳織（比治山大学）

山口県 五島淑子（山口大学）／園田純子（山口県立大学）／池田博子（元西南女学院大学短期大学部）／櫻井菜穂子（宇部フロンティア大学短期大学部）／福田翼（水産大学校）／廣田幸子（東亜大学）／森永八江（山口大学）／山本由美（元池坊短期大学）

徳島県 高橋啓子（四国大学）／金丸芳（徳島大学）／松下純子（徳島文理大学短期大学部）／長尾久美子（徳島文理大学短期大学部）／近藤美樹（徳島文理大学）／後藤月江（四国大学短期大学部）／三木章江（四国大学短期大学部）／川端紗也花（四国大学）／坂井真奈美（徳島文理大学短期大学部）

香川県 次田一代（香川短期大学）／加藤みゆき（元香川大学）／川染節江（元明善短期大学）／渡辺ひろ美（香川短期大学）／村川みなみ（香川短期大学）

愛媛県 亀岡恵子（松山東雲短期大学）／宇高順子（愛媛大学）／香川実恵子（松山東雲女子大学（非））／武田珠美（熊本大学）／皆川勝子（松山東雲短期大学）

高知県 小西文子（東海学院大学）／五藤泰子（東海学院大学）／野口元子／福留奈美（お茶の水女子大学（非））

福岡県 三成由美（中村学園大学）／松隈美紀（中村学園大学）／宮原葉子（中村学園大学（非））／入来寛（中村学園大学）／御手洗早也伽（中村学園大学）／熊谷奈々（中村学園大学）／大仁田あずさ（元中村学園大学）／八尋美希（近畿大学九州短期大学）／秋永優子（福岡教育大学）／川島年生（中村学園大学）／永田瑞生（九州女子大学）／末田和代（精華女子短期大学）／楠瀬千春（九州栄養福祉大学）／仁後亮介（中村学園大学短期大学部）／吉岡慶子（元中村学園大学）／猪田和代（太刀洗病院）／山本亜衣（九州女子大学）

佐賀県 西岡征子（西九州大学短期大学部）／副島順子（元西九州大学）／武富和美（西九州大学短期大学部）／萱島知子（佐賀大学）／成清ヨシヱ（元西九州大学短期大学部）／橋本由美子（西九州大学短期大学部（非））

長崎県 冨永美穂子（広島大学大学院）／久木野睦子（活水女子大学）／石見百江（長崎県立大学）

熊本県 秋吉澄子（尚絅大学短期大学部）／北野直子（元熊本県立大学）／戸次元子（老健施設もやい館）／川上育代（尚絅大学）／原田香（尚絅大学短期大学部）／中嶋名菜（熊本県立大学）／小林康子（尚絅大学短期大学部）／柴田文（尚絅大学短期大学部）／小椋綾乃（尚絅大学短期大学部）

大分県 西澤千惠子（元別府大学）／篠原壽子（東九州短期大学）／立松洋子（別府大学短期大学部）／望月美左子（別府溝部学園短期大学）／高松伸枝（別府大学）／宇都宮由佳（学習院女子大学）／山嵜かおり（東九州短期大学）／麻生愛子（東九州短期大学）

宮崎県 篠原久枝（宮崎大学）／長野宏子（元岐阜大学）／磯部由香（三重大学）／秋永優子（福岡教育大学）

鹿児島県 森中房枝（鹿児島純心女子大学）／木之下道子（鹿児島純心女子大学）／進藤智子（鹿児島純心女子短期大学）／山﨑歌織（鹿児島女子短期大学）／木戸めぐみ（鹿児島女子短期大学）／大倉洋代（鹿児島女子短期大学（非））／大富あき子（東京家政学院大学）／大山典子（鹿児島純心女子短期大学）／新里葉子（鹿児島純心女子大学）／福元耐子（鹿児島純心女子大学）／山下三香子（鹿児島県立短期大学）／木下朋美（鹿児島県立短期大学）／大富潤（鹿児島大学）／竹下温子（静岡大学）／千葉しのぶ（鹿児島女子短期大学）／久留ひろみ／北原怜奈（鹿児島純心女子大学）／中島朝美（鹿児島純心女子大学）

沖縄県 田原美和（琉球大学）／森山克子（琉球大学）／我那覇ゆりか（宮古島市立西辺小学校）／大城まみ（琉球大学）／名嘉裕子（デザイン工房美南海）

うちわもちを囲炉裏で焼く（岩手県八幡平市）　写真／奥山淳志

左上から右へ　そば粉に熱湯を加える（長野県飯田市上村）、ひだみをゆでる（長野県王滝村）、かんころもち（長崎県上五島町）、じょじょ切りにゆで小豆を加える（愛知県田原市）、ゆでもちに入れるさつまいもあん（大分県竹田市）、栗きんとんをつくる（岐阜県瑞浪市）、ゆでもちをのばす、ゆでもちを七輪で焼く（大分県竹田市）　写真／高木あつ子、長野陽一、五十嵐公、戸倉江里

全集

伝え継ぐ 日本の家庭料理

小麦・いも・豆のおやつ

2019年11月10日　第1刷発行
2022年6月5日　第2刷発行

企画・編集
一般社団法人 日本調理科学会

発行所
一般社団法人 農山漁村文化協会
〒107-8668 東京都港区赤坂7-6-1
☎ 03-3585-1142（営業）
☎ 03-3585-1145（編集）
FAX 03-3585-3668
振替 00120-3-144478
https://www.ruralnet.or.jp/

アートディレクション・デザイン
山本みどり

制作
株式会社 農文協プロダクション

印刷・製本
凸版印刷株式会社

<検印廃止>
ISBN978-4-540-19193-0

本扉裏写真／戸倉江里（大分県・ゆでもち）
扉写真／戸倉江里（p5）、高木あつ子（p51）、五十嵐公（p60）、長野陽一（p73、99）

本書は「別冊うかたま」2018年6月号を書籍化したものです。

「伝え継ぐ 日本の家庭料理」出版にあたって

一般社団法人 日本調理科学会では、2000年度以来、「調理文化の地域性と調理科学」をテーマにした特別研究に取り組んできました。2012年度からは「次世代に伝え継ぐ 日本の家庭料理」の全国的な調査研究をしています。この研究では地域に残されている特徴ある家庭料理を、聞き書き調査により地域の暮らしの背景とともに記録しています。

こうした研究の蓄積を活かし、「伝え継ぐ 日本の家庭料理」の刊行を企図しました。全国に著作委員会を設置し、都道府県ごとに40品の次世代に伝え継ぎたい家庭料理を選びました。その基準は次の2点です。

①およそ昭和35年から45年までに地域に定着していた家庭料理
②地域の人々が次の世代以降もつくってほしい、食べてほしいと願っている料理

そうして全国から約1900品の料理が集まりました。それを、「すし」「野菜のおかず」「行事食」といった16のテーマに分類して刊行するのが本シリーズです。日本の食文化の多様性を一覧でき、かつ、実際につくることができるレシピにして記録していきます。ただし、紙幅の関係で掲載しきれない料理もあるため、別途データベースの形ですべての料理の情報をさまざまな角度から検索し、家庭や職場、研究等の場面で利用できるようにする予定です。

日本全国47都道府県、それぞれの地域に伝わる家庭料理の味を、つくり方とともに聞き書きした内容も記録することは、地域の味を共有し、次世代に伝え継いでいくことにつながる大切な作業と思っています。読者の皆さんが各地域ごとの歴史や生活習慣にも思いをはせ、それらと密接に関わっている食文化の形成に対する共通認識のようなものが生まれることも期待してやみません。

日本調理科学会は2017年に創立50周年を迎えました。本シリーズを創立50周年記念事業の一つとして刊行することが日本の食文化の伝承の一助になれば、調査に関わった著作委員はもちろんのこと、学会として望外の喜びとするところです。

2017年9月1日

一般社団法人 日本調理科学会　会長　香西みどり